Rathjen · Get Back

Friedhelm Rathjen

Get Back

Die Beatles in Twickenham
2.-14. Januar 1969

2018

Dieses Buch ist der erste Teil einer zweibändigen Dokumentation; in gleicher Aufmachung
erscheint der zweite Teil:

Friedhelm Rathjen: *Let It Be. Die Beatles im Apple-Studio, 21.-31. Januar 1969*
(Edition ReJoyce, Bd. 76)

ƎDITION ReJOYCE
Bd. 75

Bibliografische Information der Deutschen Bibliothek:

Die Deutsche Bibliothek verzeichnet diese Publikation in der Deutschen Nationalbiblio-
grafie; detaillierte bibliografische Daten sind im Internet über <http://dnb.ddb.de> abrufbar.

EDITION ReJOYCE Südwesthörn 2018
rejoyce@gmx.de
Satz, Titelfoto und Umschlaggestaltung: Friedhelm Rathjen
Herstellung: Books on Demand GmbH, Norderstedt
ISBN 978-3-947261-08-6

Inhalt

Anfänge (1960-1968)   7

Auftakt (2. Januar 1969)   17

Alles muß vergehen (3. Januar 1969)   31

Komplikationen (6. Januar 1969)   47

Scheidungsgedanken (7. Januar 1969)   61

Kreuzfahrt (8. Januar 1969)   75

Pakistanis und Mohikaner (9. Januar 1969)   89

Ausbrüche (10. Januar 1969)   101

Schuldzuweisungen (13. Januar 1969)   111

Stoned und high (14. Januar 1969)   123

Fortsetzung folgt (15. Januar 1969)   133

Register   135
der bei den Sessions gespielten Songs

Anfänge

1960-1968

Am frühen Nachmittag des 10. Januar 1969 sitzen vier junge Männer samt Gefolge in der Kantine der Filmstudios von Twickenham im Westen von London, und die Dinge zwischen ihnen stehen gar nicht gut. Sie heißen John Lennon, Paul McCartney, George Harrison und Ringo Starr; es sind die Beatles, und zwischen zweien von ihnen knallt es mächtig – zwischen John und George. Wutschnaubend verläßt George am Ende den Schauplatz, und nicht nur den, sondern die Gruppe, er steigt bei den Beatles aus. Eine Woche lang sieht es so aus, als sei das das definitive Ende der Beatles, dann geht es aber doch noch weiter, und zwar nicht, weil Johns spontane Idee umgesetzt wird, man könne als Ersatz für George ja einfach Eric Clapton verpflichten, „oder Jimi"; es geht weiter, weil George sich bereiterklärt, unter bestimmten Bedingungen wieder einzusteigen. Eine dieser Bedingungen ist, daß sie aus Twickenham verschwinden.

Daß sie überhaupt in Twickenham sind, schon seit einer Woche, hat paradoxerweise gerade damit zu tun, daß Paul die Beatles wiederbeleben wollte, und zwar durch eine Rückkehr zu den Wurzeln, zum gemeinsamen Live-Spiel. Dieses Ansinnen geht gründlich in die Hose, das weiß jeder, der das Beatles-Album *Let It Be* und den gleichnamigen Film kennt, also die Dokumente dieser Sessions – oder vielmehr die angeblichen Dokumente, denn es sind in Wahrheit eher Verfälschungen. Der Streit zwischen John und George kommt im Film nicht vor, dafür aber eine Auseinandersetzung zwischen George und Paul über Details der Instrumentierung eines Songs, und folglich gilt seit dem Erscheinen von Platte und Film Paul als der Buhmann, dessen diktatorisches Gehabe die Beatles ruiniert habe.

Dabei ist es eigentlich gerade kein diktatorischer Ansatz, sondern die Gemeinschaft vierer halbwegs gleichberechtigter Kumpel, die Paul mit dem Projekt hat stärken wollen. Die Männerkumpelei ist es, auf deren Basis die Beatles funktioniert haben, solange sie funktionierten; oder eigentlich ist es nicht mal eine Männerkumpelei, sondern eine Jungsfreundschaft, herübergerettet noch aus gemeinsamen Schul- und Jugendzeiten. Seit 1957, als John fünfzehn ist und John sechzehn, machen sie zusammen Musik; George ist seit 1958 dabei, anfangs als Vierzehnjähriger, und das, was sie machen, ist natürlich Live-Musik. Die drei spielen mit wechselnden weiteren Jungs in Gruppen mit wechselnden Namen, am längsten noch als Quarry Men; zu den Beatles werden sie 1960 bei ihrem ersten Engagement in Hamburg, und diese eigentliche Geburtsstunde der Beatles steht im Zeichen irrwitziger Live-Arbeit. In Hamburg absolvieren die Beatles zwischen August und November 1960 gut hundert Auftritte im Indra Club und im Kaiserkeller, dann von April bis Juli 1961 nochmals knapp hundert Auftritte im Top Ten Club, schließlich im April und Mai 1962 knapp fünfzig Auftritte im Star-Club – und es sind keineswegs Kurzauftritte, sondern in der Regel sechs-Stunden-Nachtschichten, durchzuhalten nur unter Zuhilfenahme diverser Aufputschmittel, und natürlich brauchen sie außerdem ein riesiges Repertoire an Songs (vor allem ihrer 50er-Jahre-Idole: Elvis Presley, Little Richard, Chuck Berry, Buddy Holly), die sie im Schlaf beherrschen. Seit dem Ausstieg des völlig unmusikalischen Bassisten Stu Sutcliffe Ende 1961 sind sie ein Quartett (noch mit Pete Best am Schlagzeug); John ist zu dieser Zeit der unbestrittene Boß (und zudem, wie sich bei den *Get-Back*-Sessions erweisen wird, ein lausiger Bassist) und George der versierteste Sologitarrist, also übernimmt Paul, ohnehin multiinstrumental am begabtesten, den nicht sonderlich beliebten Baß. Zum Quintett werden sie sich erst bei den *Get-Back*-Sessions wieder erweitern, als kurzzeitig Billy Preston zu ihnen stößt, übrigens auch er ein alter Kumpel aus Hamburg, wo er 1962 als blutjunger Pianist parallel zu den Beatles ein Engagement in der Begleitband von Little Richard hat. Ein weiterer Kumpel ist in Hamburg der Schlagzeuger der Konkurrenzband Rory Storm & the Hurricanes, mit dem die Beatles vertragswidrig einige Sessions absolvieren: Ringo Starr. Auch er ist also schon mit John, Paul und George durchs Hamburger Fegefeuer gegangen, auch wenn er erst im Sommer 1962 Mitglied der Band wird, nachdem diese Pete Best anläßlich der ersten Plattenaufnahmen auf Betreiben des Produzenten George Martin feuert.

„Mach schau!", lautet die Anweisung, die die Beatles von ihrem ersten Arbeitgeber in Hamburg erhalten, also lernen sie, wirklich eine Schau abzuziehen. Als Live-Band erobern sie nach der Rückkehr aus Hamburg ihre Heimat Liverpool; live im Studio treten sie (nach einer Pleite bei Decca) bei der Firma EMI überzeugend genug auf, um einen Plattenvertrag zu ergattern; fast live im Studio spielen sie am 11. Februar 1962 – also innerhalb eines Tages – ihr komplettes erstes Album ein. Aber damit endet fürs erste auch schon die Geschichte der Beatles als Live-Truppe; rasch finden sie Gefallen an allen Möglichkeiten der Studiotechnik und nutzen sie weidlich, um ihre Musik in rasantem Tempo weiterzuentwickeln, bis hin zu komplizierten Tönen und komplexen Klangstrukturen, die sich auf der Bühne mit der damaligen technischen Ausrüstung beim besten Willen nicht mehr reproduzieren lassen. Zwar sind die Beatles über Jahre hinweg fast pausenlos auf Tour, um auf der ganzen Welt Konzerte zu geben, aber diese Konzerte haben mit den sechs-Stunden-Gigs Hamburger Zeiten nichts mehr zu tun, meist spielen die Beatles nur für zwanzig, dreißig Minuten, fertigen das Publikum mit einer Handvoll leicht runterzunudelnder Hits ab – und können sich dabei selbst kaum hören, weil dieses sehr junge Publikum unentwegt am Kreischen ist und alle musikalischen Feinheiten komplett übertönt. So verlieren die Beatles paradoxerweise auf ihren Live-Tourneen die Fertigkeit, live zu spielen; und die Lust dazu ohnehin. Am 29. August 1966 geben sie in San Francisco am Ende einer frustrierenden, teils sogar von Attentatsdrohungen und politischen Verwicklungen gezeichneten Welttournee ihr letztes öffentliches Konzert.

Fortan können sie sich noch mehr auf die Möglichkeiten des Studios konzentrieren, fummeln und feilen ewig an Johns fast avantgardistisch klingender Single *Strawberry Fields Forever* und dem ultimativen Rock-Kunst-Album *Sgt. Pepper's Lonely Hearts Club Band*, das auf Pauls Betreiben als Konzeptalbum mit Überleitungen zwischen den Songs (teilweise unter Zuhilfenahme künstlich hinzugemischter Live-Effekte) angelegt wird. Von nun an werden sie versuchen, jedes ihrer Alben nicht als bloße Sammlung von Einzelsongs, sondern als Gesamtkunstwerk zu konzipieren, bei dem zumindest einige der Songs ineinander übergehen. Mit solchen konzeptuellen Tricks, die vor allem von Paul verfolgt werden, gelingt es immer wieder, auf ihren Alben eine künstlerische Kontinuität und Einheit zu suggerieren, die so allerdings gar nicht mehr besteht. Am deutlichsten wird das auf dem Doppelalbum *The Beatles* von 1968 (gemeinhin als Weißes Album bezeichnet), dem eigentlichen Nachfolger von *Sgt. Pepper*, auf dem die vier Beatles zum Teil völlig entgegengesetzte musikalische Ziele verfolgen, zudem in die große Wundertüte etliche Tracks hineinpacken, an denen nur ein oder zwei Beatles (teilweise zusammen mit Fremdmusikern) mitgewirkt haben – als Gesamtalbum geht es (wenn überhaupt) nur durch geschickte Überleitungen und die richtige Verpackung auf.

So sehr der Abschied von den anstrengenden Live-Touren die Beatles musikalisch auch beflügelt hat, eines fehlt ihnen nun doch: der alte Zusammenhalt von Kumpeln, die stets zusammen sind und alles gemeinsam tun. In den Jahren bis 1966 haben sie fast ihre komplette Zeit zusammen verbracht, selbst Ehefrauen und Freundinnen mußten zurückstecken; das Beatles-Prinzip war ein Rahmen, der alles auffing, auch gelegentliche Krisen vor allem bei John oder rasche Interessens- und Geschmackswechsel bei allen vieren, und aus der Summe der durchaus divergierenden Teile ein immer noch homogenes und nach vorne strebendes Ganzes schuf. Dieser Rahmen fehlt nun, und schlimmer noch: die Reste des Rahmens werden im Zweifel nicht mehr als Sicherheitsnetz begriffen, in das man sich fallenlassen kann, sondern als Zwangskorsett, das die eigene Freiheit behindert. Das alles hat natürlich auch damit zu tun, daß die vier pubertierenden Jungspunde von einst nun erwachsen geworden sind und plötzlich Interessen entwickeln, bei denen männliche Kumpelspiele nicht mehr unangefochten im Vordergrund stehen. George, einst all seinen Freunden als unbeschwerter nächtlicher Pistengänger bekannt, beschäftigt sich so nachhaltig mit östlicher Musik und dann auch Philosophie und Spiritualität, daß ihm sein Dasein als Beatle zweitrangig wird. Ringo findet Gefallen am Schauspielern. Paul beginnt, beeinflußt durch die intellektuelle Familie seiner langjährigen Freundin Jane Asher, sich für avantgardistische Kunst aller möglichen Sparten zu interessieren, und überredet den bisher eher an Fernsehkomikern als an ernsthaften Happenings orientierten John, sich die Ausstellung einer japanisch-amerikanischen Avantgarde-Künstlerin anzuschauen – so gerät John am 9. November 1966 an Yoko Ono und auf diese Weise auch an ein primäres Betätigungsfeld jenseits der Beatles, das teils künstlerischer, teils ganz privater Natur ist.

Während der langwierigen Arbeit am Weißen Album, die sich vom Mai bis in den Oktober 1968 hinzieht, ist Yoko fast ständig bei John im Studio, hockt meist penetrant schweigend an seiner Seite oder nervt die anderen Beatles mit langen Monologen. Als Ringo es nicht mehr aushält, fragt er John, was das denn solle; John erklärt ihm, Yoko und er wollten nun mal ein Leben führen, das wirklich ein gemeinsames sei, wo jeder wisse, was der andere tue; Ringo schluckt das, es hat immerhin seine Logik. Paul muß dann aber auch schlucken, als John ihm seine Theorie der „Erhöhten Aufmerksamkeit" erläutert, die zwischen ihm und Yoko herrsche: sie bräuchten gar nicht miteinander zu reden, auch so stünden sie in unablässiger Verbindung miteinander, und jeder wisse immer, was der andere wolle. Konsequenterweise verfällt John fortan in den Geschäftssitzungen der Firma Apple, die die Beatles 1967 gegründet haben, gerne in ausgedehntes Schweigen und läßt statt dessen Yoko reden. Auch auf Johns musikalisch-kompositorische Arbeit färbt die neue Zweisamkeit ab, unter Yokos Einfluß entfernt John sich von den psychedelisch-vertrackten Texten der letzten Jahre und nimmt Zuflucht zu einfachen Statement-Texten und Songs, die wie notdürftig eingekleidete Slogans und Kurzweisheiten klingen. George sagt später, mit Yokos Auftauchen im Studio seien die Beatles zu Ende gewesen.

Ein Wunder ist es gewiß nicht, daß bei den enervierenden Arbeiten am Weißen Album zum ersten Mal seit 1961 ein Mitglied der Beatles aus der

Band aussteigt. Komisch nur ist, daß es ausgerechnet Ringo ist. Am 22. August erklärt er seinen Austritt, weil er sich in der Gruppe zu wenig gewürdigt fühlt, und verschwindet erst einmal nach Sardinien, um über alles nachzudenken. Für den Moment wird das Problem gelöst, indem sich Paul kurzerhand ans Schlagzeug setzt und die Aufnahme von *Back In The USSR* rettet, aber auf Dauer ist das natürlich keine Lösung. Zum Glück läßt sich die heikle Geschichte rasch beseitigen, indem die drei verbliebenen Beatles Ringo anrufen und ihm beteuern, sie liebten ihn alle und er sei der beste Drummer der Welt. Mit Blumengirlanden wird Ringo am 3. September wieder in der Gruppe empfangen; noch gerade rechtzeitig, denn tags darauf, also am 4. September 1968, nehmen die Beatles in den Filmstudios von Twickenham Promo-Filme für die beiden Songs ihrer neuen Single auf, *Hey Jude* und *Revolution*.

Das ist eine spannende Geschichte, weil die Beatles zum ersten Mal seit zwei Jahren vor Publikum spielen, großteils zwar im Playback-Verfahren, aber teilweise auch live. Regisseur der Aufnahmen ist Michael Lindsay-Hogg, ein 1940 in New York geborener britischer Adelssproß, der schon 1966 die Clips für *Paperback Writer* und *Rain* mit den Beatles gedreht hat und inzwischen mit Pop- und Rock-Filmaufnahmen gut im Geschäft ist. Zum Aufwärmen vor der Filmsession spielen die Beatles ein paar Rock'n'Roll-Nummern, was Lindsay-Hogg besonders gut gefällt; als er nicht lange danach das *Get-Back*-Projekt mit den Beatles durchzieht, wird er immer wieder fragen, ob sie nicht auch Rock'n'Roll spielen und aufnehmen wollen. Wichtiger für die Beatles selbst ist im Moment die Erfahrung, vor Publikum zu spielen. Einerseits ist dies eine erfreuliche Erfahrung, es stellt sich heraus, daß ihr Publikum sich mit ihnen verändert hat und jetzt nicht mehr aus kreischenden jungen Mädchen besteht; andererseits behagt es speziell George nicht so recht, daß das Volks ihm bei der Aufnahme von *Hey Jude*, wo sie alle mitträllern dürfen, doch arg eng auf die Pelle rückt.

Nachdem das Weiße Album im Oktober endlich fertig ist, zerstreuen sich die vier nun sehr individualisierten Beatles in alle Winde. George fliegt nach Amerika, um ein Album von Jackie Lomax zu produzieren und einige Zeit mit Bob Dylan und The Band zu verbringen. Ringo zieht um, und zwar in ein Haus, das er dem Schauspieler Peter Sellers abgekauft hat; mit Sellers zusammen wird er ab Februar als Schauspieler in dem Film *The Magic Christian* vor der Kamera stehen. John stürzt sich in diverse Aktivitäten mit Yoko Ono – die beiden drehen experimentelle Kurzfilme, nehmen ebenso experimentelle Schallplatten auf, lassen sich von der Polizei Drogen unterjubeln und beteiligen sich schließlich Mitte Dezember an einem Projekt der

Rolling Stones namens *Rock and Roll Circus*, einer Mischung aus Rockkonzert und Zirkusdarbietung, die von Michael Lindsay-Hogg gefilmt wird, aber der Öffentlichkeit bis 1996 vorenthalten bleibt, weil Mick Jagger findet, The Who kämen in dem Streifen besser rüber als die Stones. John stellt für diesen Anlaß eine Live-Band namens The Dirty Mac zusammen, bestehend aus Eric Clapton, Keith Richards, Mitch Mitchell und ihm selbst, die eine fetzige Version der Lennon-Nummer *Yer Blues* vom Weißen Album der Beatles hinlegt, außerdem wird in erweiterter Besetzung unter Beteiligung von Yoko ein Stück namens *Whole Lotta Yoko* dargeboten.

Das ist, wenn man so will, Johns Rückkehr auf die Live-Bühne und auch in die Frontlinie der Musikszene. Nach dem Ende ihrer Konzerttourneen haben die Beatles es zwar geschafft, sich mit *Sgt. Pepper* an die musikalische Spitze der Hippie-Bewegung zu setzen, aber richtig drin in dieser Bewegung sind sie doch nicht, dafür fehlt ihnen der direkte Kontakt. Als George im August 1967 das Hippie-Zentrum Haight Ashbury in San Francisco besucht, ist er entsetzt, wie kaputt und von Drogen gezeichnet die angeblichen ‚Blumenkinder‘ sind, und noch entsetzter, als sie ihm zurufen, er solle ihr „Führer“ sein. Das will er auf keinen Fall. Aber mit dem Abschied von der Bühne haben die Beatles notgedrungen den Anschluß an die beginnende Festival-Kultur verpaßt. Zum ersten großen Rockfestival, demjenigen von Monterey im Juni 1967, werden sie zwar eingeladen, müssen den Veranstaltern der beschlossenen Bühnenabstinenz wegen aber einen Korb geben – Paul empfiehlt als Ersatz einen in London lebenden Gitarristen mit seiner Band, und Jimi Hendrix nimmt diese Steilvorlage dankend an.

Wie John, George und Ringo ist auch Paul Ende 1968 nicht ganz untätig, er produziert ein bißchen für das Beatles-Label Apple und trifft sich auf eine Session mit Donovan, aber im Unterschied zu John, George und Ringo will er auch das Beatles-Ding unbedingt weitertreiben, und zwar auf der Höhe der Zeit. John spielt wieder live, außerhalb der Beatles, mit den Heroen der Festival-Ära – läßt sich das nicht auch mit den Beatles machen? Die Rolling Stones veranstalten ein Film-Spektakel; Cream, die sich gerade aufgelöst haben, feiern ihren Abschied mit einem Konzert, über das eine Filmdokumentation gedreht wird – wäre ein Filmprojekt nicht auch etwas für die Beatles? Immerhin hat Apple auch eine Filmabteilung, geleitet vom Produzenten Denis O'Dell, für den wiederum Michael Lindsay-Hogg werkelt, mit dem die Beatles kürzlich so gute Erfahrungen machten. Außerdem hat die Entwicklung der letzten Jahre gezeigt, daß die ausschließliche Konzentration auf Studiopfriemeleien dem Zusammenhalt der Beatles nicht gut tut,

Paul wünscht sich etwas von der gemeinsamen Frische der ersten Jahre zurück, also der Live-Ära. Und wie lassen sich all diese Aspekte auf fruchtbare Weise zu einem stimulierenden Projekt verbinden?

Paul schlägt den anderen Beatles also vor, das Projekt eines Live-Auftritts anzugehen; es soll auf keinen Fall eine Tournee sei, sondern ein einzelner spektakulärer Auftritt, vielleicht live im Fernsehen, vielleicht im Roundhouse in London (verschiedenen Quellen zufolge wird dafür intern sogar schon ein Termin ins Auge gefaßt, vielleicht der 18. Januar, vielleicht der 20. Januar – verifizieren läßt sich das nicht). Der Auftritt soll natürlich gefilmt werden, und wenn schon gefilmt wird, dann könnten doch die vorbereitenden Proben gleich mitgefilmt werden, für eine Fernsehdokumentation. Bei dem Konzert live gespielt werden sollten, so Pauls erste Überlegung, Songs aus dem Weißen Album; aber die nächste Überlegung ist, daß es fürs Publikum langweilig sein könnte, nur bekannte Sachen zu hören, also modifiziert Paul seine Idee dahingehend, daß auch neue Songs gespielt werden sollen. Von den fürs Weiße Album in Betracht gezogenen Songs, teilweise Anfang 1968 beim Maharishi in Rishikesh geschrieben und dann im Mai im Haus von George als Demo aufgenommen, sind noch ein paar Sachen unveröffentlicht, außerdem schreibt Paul laufend neues Material, George ebenso, nur John scheint derzeit in dieser Hinsicht nicht so produktiv.

Kurzum: es wird abgemacht, sich am 2. Januar 1969 im Filmstudio von Twickenham zu treffen, um mit den Proben anzufangen, von Beginn an begleitet von Kameras, deren Regie Lindsay-Hogg obliegt. Völlig klar scheint niemandem, was wirklich bei dem Projekt herauskommen soll, und zu hundert Prozent dahinter steht wohl auch niemand außer Paul selbst, der sich von der ganzen Geschichte die Wiederbelebung des alten Gruppengeistes verspricht; aber die anderen erklären sich immerhin einverstanden, mitzuziehen. Und so beginnen sie also, die berüchtigten *Get-Back*-Sessions.

Berüchtigt sind sie nicht zuletzt, weil jeder Beatles-Fan einigermaßen zu wissen glaubt, was damals passierte; der Film *Let It Be* dokumentiert es doch, oder? Nein, das tut er leider nicht. In unzähligen Artikeln und Büchern sind die Vorgänge jenes Januar 1969 dargestellt worden, nur leider stets vereinfacht, verzerrt, tendenziös uminterpretiert. Das ist ein wenig erstaunlich, sind doch die zwanzig Proben- und Aufnahmetage, die die Beatles zwischen dem 2. und dem 31. Januar 1969 absolvieren, fast vollständig auf den Rollen der mitlaufenden Kameras und den Bändern der zugehörigen Nagra-Tonaufnahmegeräte mitgeschnitten worden. Aber vielleicht ist genau das das Problem, dieses Material ist so riesig, daß ihre penible Sichtung immens viel Mühe und ein fast masochistisches Durchhaltevermögen erfordert. Da ist es natürlich einfacher, ein paar flotte Halbwahrheiten abzuschreiben.

Wenigstens einmal aber soll die ganze Geschichte erzählt werden, bis in die Einzelheiten, wie sie sich zugetragen hat, und zwar in den zwei Bänden dieser Dokumentation, *Get Back: Die Beatles in Twickenham* und *Let It Be: Die Beatles im Apple-Studio*, ein Kapitel für jeden Tag der Sessions. Tagebuchmäßig wird dabei alles protokolliert, was vorgefallen ist, und das ist nicht wenig. Genaugenommen sind es zwei Geschichten, die erzählt werden müssen, eine musikalische Geschichte, nämlich die der Entstehung des vorletzten Beatles-Albums, das von vielen bis heute für ihr letztes gehalten wird, und eine menschliche Geschichte, nämlich die des Umgangs der Beatles miteinander; wir werden sehen, daß es wirklich der Anfang vom Ende war, einerseits, daß aber andererseits die Hoffnungen auf einen Neubeginn nicht ganz ohne Berechtigung waren. Die Wiedergabe dieser Geschichten erfolgt auf folgende Weise:

1. Musik: Alle Songs, die von den Beatles (oder unter Beteiligung von mindestens einem Beatle) gespielt oder gesungen werden, werden gemäß ihren offiziellen Titeln IN GROSSBUCHSTABEN im laufenden Text genannt und mit Längenangaben (Minuten:Sekunden) versehen; die Längenangaben sind wichtig, um falsche Eindrücke etwa bei jenen unzähligen Songs zu vermeiden, die nur als kurze Schnipsel auftauchen. (Ein + hinter der Angabe bedeutet, daß die von den Beatles an diesem Punkt gespielte Version länger war, sich aber nicht komplett dokumentieren läßt.) Songs, für die es keine offiziellen Titel gibt, werden anhand markanter Textzeilen, die „in Anführungszeichen gesetzt" sind, identifiziert; titellose Instrumentalstücke und Jams ohne Text werden als solche bezeichnet. Titel von Songs, die nur erwähnt, aber am jeweiligen Punkt nicht von den Beatles gespielt werden, sind *kursiv* wiedergegeben; das gilt auch für Songs, die im Studio-Playback abgehört oder nur von Nicht-Beatles (etwa Billy Preston) angestimmt werden, außerdem für Titel von Alben, Büchern, Zeitschriften und dergleichen.

2. Menschelei: Die Beatles interagieren durch Mimik und Gestik, vor allem aber verbal; diese Dialoge lassen sich nicht komplett mitschreiben, dafür sind sie viel zu ausführlich, außerdem ist die Hörqualität auf den Bändern, die mitliefen, oft katastrophal. Die

Gespräche werden deshalb nur ausschnitthaft und teilweise gekürzt protokolliert, allerdings immer sinnwahrend. Vieles muß zusammengefaßt werden, markante oder typische Aussagen werden aber möglichst wortgetreu übersetzt wiedergegeben, und zwar inklusive unsauberer Formulierungen, Stockungen im Redefluß und notfalls auch wirrer Äußerungen. Alle Glättungen wären Verfälschungen – aber hier geht es drum, erstmals ein authentisches Bild zu zeichnen.

Und damit nun Vorhang auf für die *Get-Back*-Sessions – Kamera und Ton ab!

Auftakt

Donnerstag, 2. Januar 1969, Filmstudio Twickenham

Der Beginn der *Get-Back*-Sessions ist in Ausschnitten im Film *Let It Be* dokumentiert. Zu sehen ist anfangs eine große leere Bühne in den kalten Hallen der Filmstudios von Twickenham. Vor dem Einauge der Kamera des Regisseurs Michael Lindsay-Hogg, der die Umstehenden um Ruhe bittet, beginnen gegen 9:30 die Beatles-Assistenten Mal Evans und Kevin Harrington damit, die Bühne herzurichten. In eine Ecke wird ein Klavier geschoben (es ist von einem schmuddeligen Tuch bedeckt, das vom umgedrehten Klavierhocker gehalten wird); auf dem Klavier liegen ein Gitarrenkoffer und ein Trommelfell mit dem charakteristischen Namenszug „The Beatles". Mikrofone werden aufgestellt, Kabel gelegt, Verstärker simpler Bauart und kleine Lautsprecherboxen hergerichtet; für Ringos Schlagzeug, das an der Seite bereit steht, wird mit einfachsten Mitteln eine kleine Plattform aufgebaut. Die Beatles selbst sind noch nicht da.

Die ersten Hauptakteure, die am Schauplatz eintreffen, sind John Lennon und George Harrison. John kommt nicht allein, sondern hat seine Gefährtin Yoko Ono dabei, die während der gesamten Sessions kaum von seiner Seite weichen wird, und dies nicht unbedingt zur Freude der anderen Beatles, die lernen müssen, mit einem siamesischen Zwillingspaar in ihrer Mitte umzugehen.

Gegen 10:30 fängt Kameramann Tony Richmond die ersten Shots der beiden Beatles ein, die ihre Gitarren stimmen. John Lennon spielt ein paar Takte einer neuen Komposition, DON'T LET ME DOWN (0:22). Es ist nicht die früheste Aufnahme dieses Stücks, denn aus dem Dezember 1968 gibt es zwei Demos von insgesamt etwa fünf Minuten Länge, bei denen John sich durch Teile des Textes hangelt und dabei mit der akustischen Gitarre begleitet, doch am ersten Tag der *Get-Back*-Sessions spielt er den Song erstmals auf der E-Gitarre. Aber auch George Harrison hat eine Neukomposition dabei, geschrieben in Amerika, die er anläßlich des Stimmens seiner Gitarre kurz anspielt, nämlich ALL THINGS MUST PASS (0:25); George singt zaghaft (noch ohne Mikro) und spielt die Akkorde des Stücks, zu denen John ein paar Soloschnörkel improvisiert.

Nachdem die beiden Gitarristen weiter ihre Gitarren gestimmt haben und schließlich auch funktionierende Mikrofone bereitstehen, versuchen sie sich an einem ersten Komplettdurchlauf von DON'T LET ME DOWN (3:01). John singt sich beherzt durch den Text, George singt den Refrain mit, und dazu begleiten sie sich an den E-Gitarren mit einer für den ersten Durchlauf doch schon erstaunlichen Sicherheit. Ringo Starr, der gerade eingetroffen ist, setzt sich ans Schlagzeug und schleicht sich nach etwas mehr als einer Minute mit sicherem Gespür in den Song hinein. Am Schluß bricht das Spiel ab, weil George nicht so recht weiß, wie er sein Solo spielen soll. Nachdem mit einem „Hi Ringo" und Neujahrswünschen der geschätzte Drummer begrüßt ist, zeigt John George kurz, wie er sich dessen Spiel vorstellt: „Das Stück ist am weitesten fertig." – „Das ist gut. Ich mag eine einfache Melodie." – „Ja."

„Hallo! Hare Krishna!", begrüßt George einen anwesenden Jünger der Sekte, der mit einem profanen „Hi!" zurückgrüßt. Ringo zieht sich erst einmal zum Tee zurück. John meint, ein kleinerer Raum würde ihm besser gefallen, und George stimmt zu: „Für die Akustik wär eine kuschelige Garderobe besser."

John scheint in guter Form zu sein, und er hat noch ein zweites neues Stück zu bieten, das er zu eigener Gitarrenbegleitung einmal durchsingt: DIG A PONY (2:23). Zwischendurch setzt er einmal kurz aus, um George, der nach dem Titel gefragt hat, Auskunft zu geben: „Yeah, *Dig A Pony*!" Johns Gesang ist großteils sehr sicher, zeigt nur gelegentlich Anzeichen von Selbstkarikatur; gegen Ende des Durchlaufs hört John dann zu singen auf, um den anderen die Akkordfolge zu demonstrieren. Thema des kurzen Gesprächs, das folgt, ist allerdings die neue Single des Kollegen Eric Burdon, eine schrille Version des Johnny-Cash-Songs *Ring of Fire*, die John gefällt: „Klingt, als wär er zurück beim *House of the Rising Sun*!" Ringo: „Das Konzert, das er gab – alle Schreiberlinge sagen, das war toll! Das Animals-Konzert, weißt du. Die haben sich wiedervereinigt für den Auftritt." Irgend etwas hat Ringo da falsch verstanden, denn Burdon hat die Animals nicht wiedervereinigt, sondern ihr letztes Line-up gerade aufgelöst – aber das Comeback-Thema ist für die Beatles selbst natürlich von Belang, denn sie müssen sich zwar nicht wiedervereinigen, aber das angestrebte Live-Konzert wäre doch auch eine Rückkehr zu alter Form.

Doch für diese Rückkehr zu alter Form muß erst einmal geprobt werden, und es müssen Songs her. John spielt ein paar Akkorde und improvisiert dazu einen kurzen Text mit der Schlüsselzeile „Everybody got song" (0:45), dann setzt er übergangslos zu einem weiteren Komplettdurchlauf von DON'T LET ME DOWN (3:01) an, bei dem George singend und spielend mittut. John scherzt nebenbei, alle seine Songs bauten auf den immergleichen Akkorden auf. Kurz vor Ende kommt das Spiel fast zum Erliegen, aber George rettet es mit einem Solo, das keineswegs perfekt ist, doch immerhin sein Gefühl für den Song zeigt. Dem Filmteam gibt George zu verstehen, es solle lieber mit der Arbeit bis zum Nachmittag warten, wenn sie ihre Songs besser intus hätten – aber das ist nicht unbedingt erstgemeint, denn daß die Proben länger als nur zum Nachmittag werden dauern müssen, um präsentable Ergebnisse zu erbringen, ist eh allen klar.

Das nächste Stück, das die beiden Beatles-Gitarristen – nach wie vor zu zweit – spielen, ist wieder eine Neukomposition von George: LET IT DOWN (1:49). George hat seine Rhythmusgitarre und vor allem den Gesang bereits gut im Griff, aber John kommt mit seinem Versuch, eine Solostimme dazu zu spielen, nicht zurecht und witzelt herum, die angesetzten drei Wochen Probenzeit reichten nicht, um die Akkorde dieses Stücks richtig zu lernen – also bricht George sein Spiel ab, um John die Akkorde zu erklären. Dann setzt er allein noch einmal an, spielt einige Akkordfolgen aus LET IT DOWN (0:31), singt dazu statt des korrekten Textes die aus Johns Song entlehnte Zeile „Don't let me down", bricht dann aber erneut ab, weil ihm irgend etwas an seiner Gitarre nicht paßt, und fragt, ob jemand einen Schraubenzieher habe.

Während George an seinem Instrument herumfummelt, nutzt John die Gelegenheit, um auf seiner Gitarre ein schroffes Riff zu improvisieren (0:48), dann muß auch er kurz nachstimmen, bevor er zwei Strophen einer alten Rock'n'Roll-Nummer singt und spielt, nämlich Chuck Berrys BROWN-EYED HANDSOME MAN (0:37), teilweise begleitet von George. Und wieder müssen die Gitarren gestimmt werden. Ringo sitzt schon ein ganzes Weilchen unbeteiligt dabei und will eine rauchen, also gibt George ihm Feuer.

Sich selbst an der Rhythmusgitarre begleitend, stimmt John die derzeitigen Eingangszeilen eines weiteren neuen Songs an, entwickelt aus einem Fragment, das schon im Februar 1968 in Indien entstanden ist: „Everybody had a hard year / Everybody had a good time." Der Song ist I'VE GOT A FEELING (1:00). John gelingt eine gesanglich wie gitarristisch sehr relaxte Fassung des Songs, aber Georges Versuche, dieser Fassung angemessene Sologitarrentupfer hinzuzufügen, funktionieren nicht recht, deshalb bricht der Song vorzeitig ab. Es handelt sich um eines der wenigen Stücke der späten Beatles-Jahre, die tatsächlich noch eine Gemeinschaftsarbeit von Lennon / McCartney sind, allerdings im Sinne einer Kombi-Komposition – jeder der beiden Autoren hat einen Teil geschrieben, und die beiden Teile werden dann zu einem neuen Ganzen kombiniert. Schon vor dem Januar 1969 haben John und Paul zusammen an der Gesamtfassung gearbeitet, aber die Version, die John hier singt und spielt, beschränkt sich weitestgehend auf das, was er selbst beigesteuert hat, und unterlegt dem Stück eine entspannte Stimmung, die bei Pauls späterer Weiterentwicklung zugunsten eines drängenderen Gestus über Bord geworfen wird.

John ist ganz in seinem Element, er gibt sich locker, und er versucht offenbar, seinen Spaß am Spielen zu haben. Zu diesem Zweck nudelt er als nächstes eine kurze, weitgehend instrumentale Version einer Eigenkomposition herunter, die er erst im Vormonat als Demoversion aufgenommen hat, die aber so klingt, als sei sie schon einige Jährchen älter: A CASE OF THE BLUES (0:40). Hier jammt ein John Lennon, wie wir ihn uns gut für die Frühzeit seiner Gitarrenbegeisterung vorstellen können, und passend dazu beginnt er – nachdem wiederum die Gitarre nachgestimmt ist – mit Georges Unterstützung zu improvisieren: zunächst über die Akkorde zu *I've Got A Feeling* (0:24), dann über Blues-Standard-Phrasen (0:32). Die blueslastigen Klänge beim Gitarrenstimmen sind charakteristisch für die derzeitige Orientierung der Beatles, die dem Prinzip ‚zurück zu den Wurzeln‘ folgt – ein Prinzip, das auf Teilen des Weißen Albums vom Vorjahr als Stilprinzip umgesetzt wurde und bei den jetzigen Sessions zum Spielprinzip werden soll.

Aber Blues ist nicht alles. Als nächstes spielt und singt John – begleitet von George, der den Refrain mitsingt – zwei Strophen seines Songs CHILD OF NATURE (1:52): „On the road to Marrakesh / I was dreaming more or less / And the dream I had was you / And the dream I had was you / I'm just a child of nature / I don't need much to set me free / I'm just a child of nature / I'm one of nature's children". Der Song ist nicht ganz neu, im Mai 1968 sind bei Vorbereitungs-Sessions fürs Weiße Album in Georges Haus in Esher mehrere Demos entstanden, bei denen die Straße der ersten Zeile noch nicht nach Marrakesh, sondern nach Rishikesh (in Indien) führte; von Indien hat John Lennon aber erst einmal die Nase voll, und überhaupt paßt der verträumte Song nicht recht ins Konzept der neuen Ungeschliffenheit. Eine fertige Beatles-Version entsteht nie; John wird das Lied später einem Recycling mit neuem Text unterziehen und auf seinem zweiten Post-Beatles-Album veröffentlichen – als *Jealous Guy*.

George fragt, wo eigentlich das Mischpult sei; ihm mißfällt offenbar, daß man sich nicht im Aufnahmestudio befindet und keine vernünftige Technik zur Verfügung hat. Aber es soll ja auch nichts aufgenommen, sondern nur geprobt werden. John spielt kurz das Riff von REVOLUTION (0:06) und umreißt für die Umstehenden das derzeitige Projekt: „Wahrscheinlich schreiben wir schnelles Material gemeinsam, wißt ihr, wir alle zusammen"; George macht aber das Gegenteil: er beginnt, Bob Dylans I SHALL BE RELEASED (1:48) zu singen und zu spielen. John spielt und krächzt mit, geht dann in eine unfertig klingende Neukomposition mit fragmentarischem Text über: SUN KING (2:20+).

Es ist jetzt elf Uhr, und nach halbstündigem, einigermaßen beschwingtem Herumgedudel beginnen George und Ringo zu mäkeln: an der Hitze, die von der Beleuchtung des Filmteams ausgeht; an der Position des Schlagzeugs; an der ungewohnten „Tagesschicht" (die Beatles und ihre Helfer arbeiten üblicherweise vom Nachmittag in die Nacht hinein). John improvisiert noch etwas über die Läufe von *Sun King*, diesmal aber etwas härter, und geht dann – unterstützt von George und dann auch Ringo – in eine rockig-schroffe Version von DON'T LET ME DOWN (4:16) über. Währenddessen erscheint Paul McCartney, von George mit Neujahrswünschen begrüßt. Paul sieht seinen alten Höfner-Baß auf der Bühne stehen, daran klebt noch die Setliste vom letzten Live-Auftritt der Beatles 1966 in San Francisco (im Studio verwendet er einen neueren Baß), und Paul bemerkt lauthals, daß es ein Rechtshänderinstrument ist. Regisseur Lindsay-Hogg bittet die Beatles, doch ihre Verstärker etwas runterzufahren, weil er sonst Schwierigkeiten hat, mit seinen Kameramikros die Gespräche aufzunehmen. George ist perplex: „Ach, du nimmst unsere Gespräche auf?" Paul findet das eher belustigend.

John ist gerade in Spiellaune und hat offenbar keine Lust auf Gespräche, also setzt er wieder zu DON'T LET ME DOWN (3:24) an, unterstützt von George, der aber findet, ihre Gitarren seien nicht richtig gestimmt. Der Text des Songs ist noch nicht fertig, deswegen gerät das Spiel etwas ins Stolpern; Paul wirft ein beherztes „Yeah, don't let him down, oh Lord" ein und gibt ein paar Baßtupfer zu.

Paul stimmt singend und am Baß ein paar Zeilen aus einem unveröffentlichten Lied über einen „Teacher" (0:42) an, fetzig begleitet von den drei übrigen Beatles in echter Rock'n'Roll-Manier. Um die Instrumente nachzustimmen, werden noch ein paar Riffs und Phrasen aus *Don't Let Me Down* und *Sun King* gespielt, doch wichtiger als die Stimmung der Gitarren ist die Stimmung der Beatles selbst. John und George sind unzufrieden mit der offenen Bühne und der ständigen Anwesenheit von Außenstehenden; Paul verteidigt das Setting etwas lahm, meint, sie seien wie eine probende

Blues-Band, die sich dran gewöhne, daß Leute rein- und rausgehen. George möchte erst ein paar neue Songs einstudieren, bevor das Filmteam alles mitschneidet; John möchte, daß das Schlagzeug näher herangezogen wird, damit Ringo besser involviert ist (dieser Wunsch wird tatsächlich umgesetzt). George, etwas verklausuliert: „Ich glaub nicht, daß dies ein sehr akustisch guter Ort ist. Wir werden ziemliches Echo haben. Wir könnten uns eine PA besorgen wie im Top Ten in Hamburg – wißt ihr, mit Binson-Echo." Paul, der offenbar für das derzeitige Setting verantwortlich ist, verteidigt sich: „Wenn euch irgendwas Gutes einfällt, machen wir das vielleicht einfach." Improvisation ist also das Prinzip. Paul improvisiert die Baßlinie eines alten Buddy-Holly-Songs, MAILMAN, BRING ME NO MORE BLUES (0:18), und skandiert dazu als eine Art Sprechgesang: „Vielleicht gibt's sogar einen besseren Raum – hier im Gebäude – den wir nut-zen könn-ten."

John ist immer noch in Spiellaune und fragt, ob er nicht mit Paul singen könne. Paul ist einverstanden, also versuchen sie sich an I'VE GOT A FEELING (3:40+), diesmal in der von Paul ausgearbeiteten energetischen Version – Johns Versuch, zwischendurch zur relaxten Fassung zurückzukehren, die er eine halbe Stunde zuvor noch ohne Paul geprobt hat, mißlingt. Der erste Ansatz, das Stück mit kompletter Band durchzuspielen, ist naturgemäß von etlichen Unsicherheiten gezeichnet; es hakt mehrmals. Aber der Grundstein zur weiteren Arbeit ist gelegt. Während der nächsten guten halben Stunde wird intensiv an I'VE GOT A FEELING gearbeitet: kritische Stellen werden einzeln durchgegangen, dabei versuchsweise in verschiedene Richtungen weiterentwickelt, und zwischendurch wird der Songs mehrmals komplett oder in größeren Bruchstücken durchgespielt, teils instrumental, teils auch mit dem inspirierten Wechselgesang von Paul und John, der später die Endfassung des Songs kennzeichnen wird. Im Frühstadium des Herumprobierens witzelt John, er müsse noch herausfinden, was er am Ende spielen solle, damit es interessant klingt: „Du bist der Gitarrist, also bitte!" Meint er Paul?

Klar wird jedenfalls, daß Paul weiß (oder wissen soll), wo es langgeht. John meint vielleicht doch George, schlägt jedenfalls vor, daß George die Leadgitarre spielen soll; aber George muß sich von Paul (der zu diesem Zweck eine akustische Gitarre zur Hand nimmt) erst zeigen lassen, wie die Middle-Eight (das überleitende Mittelstück) am besten funktioniert. George möchte aber auch eigene Ideen beitragen, drum fragt er, was die anderen von dem (noch unveröffentlichten) Jackie-Lomax-Album halten, das er produziert hat und auf dem Paul und Ringo mitspielen. John gibt zu, es sich nur „so irgendwie halb angehört" zu haben, also spielt und singt George (unterstützt von Ringo) einen Song aus dem Album, SPEAK TO ME (1:50). Für die Arbeit an *I've Got A Feeling* wirft das Stück allerdings keine Ideen ab. Etwas mehr Erfolg hat George, als er sich kurz darauf von der Detailarbeit an *I've Got A Feeling* an einen Dylan-Song erinnert fühlt und eine Zeile daraus singt: sogleich improvisieren alle vier Beatles ein Weilchen über THE MIGHTY QUINN (QUINN THE ESKIMO) (1:03), ein Stück, das sie nicht nur in der Manfred-Mann-Version, sondern auch schon von den unveröffentlichten *Basement Tapes* Dylans mit The Band kennen – George hat die Aufnahmen von seinem neuen Freund Dylan bekommen und an die Kollegen weitergereicht.

Aber die Arbeit am eigenen neuen Song hat Vorrang und geht weiter und wird auch nicht dadurch aus der Bahn geworfen, daß George, dessen Gitarre inzwischen völlig verstimmt ist, andeutet, es handele sich um ein Plagiat von Otis Reddings *Hard To Handle*. Paul hat sich kurz zuvor erkundigt, ob es möglich sei, ihre Proben per Playback abzuhören, um den Klang zu überprüfen, was allerdings schwierig ist, da noch kein PA-System vorhanden ist, aber schließlich kann Paul per Kopfhörer die Tonspur der Filmkamera abhören. Vielleicht als Resultat verändert sich kurz darauf die Tonabmischung, allerdings zum Schlechteren, Georges Gitarre ist plötzlich zu laut und Johns Gesang zu leise. Durch die Detailarbeit hat außerdem der Spielfluß ein bißchen gelitten, die Proben werden immer fragmentarischer – aber John und George versuchen über harte Riff-Improvisationen wieder in Fluß zu kommen.

Paul, der sich für das Setting ihrer Probensessions (wenn auch nicht bis ins letzte Detail) weitgehend verantwortlich fühlt, hat sich schon zuvor kurz aus dem Improvisationsspiel ausgeklinkt, um mit Regisseur Lindsay-Hogg, dessen Filmproduzenten Denis O'Dell und dem langjährigen Beatles-Produzenten George Martin (der weitgehend auf die Rolle eines Gasts zurückgeworfen ist) über Vor- und Nachteile des Übungsraums und seiner Akustik zu sprechen. Paul will einen geeigneteren Raum suchen, doch der wird nie gefunden. Lindsay-Hogg hat andere Interessen, er will von Paul wissen, an welchem „spektakulären Schauplatz" denn wohl das Konzert stattfinden werde, das aus den Proben folgen soll – aber Paul bekundet, ihn interessiere im Moment eher der Schauplatz des Mittagessens.

Um die Mittagszeit diskutiert Paul die Lage wiederum mit Lindsay-Hogg, außerdem mit dem Tontechniker Glyn Johns, der nicht so recht weiß, wie am besten zu verfahren sei, und die Frage zusätzlicher technischer Ausrüstung auf George Martin abwälzen will. Als Lindsay-Hogg Glyn Johns auf das Equipment anspricht, mit dem die beiden kurz vorher im Dezember 1968 den *Rolling Stones Rock and Roll Circus* (an dem ja auch John und Yoko beteiligt waren) über die Bühne gebracht haben, mäkelt Paul herum: die Tonqualität jener Aufnahmen sei „furzig". Seine Gesprächspartner widersprechen und laden ihn ein, die Originalbänder abzuhören, aber das will Paul nicht, der sich statt dessen brüstet, was für eine gute Aufnahme die Beatles im Jahr zuvor trotz mieser Raumakustik von *Yer Blues* hinbekommen hätten, das absichtlich im Klo aufgenommen wurde. Lindsay-Hogg erklärt sich wortreich bereit, alles mitzumachen, was die anderen wollen.

Er selbst will zu diesem Zeitpunkt, daß die Beatles ihr Konzert bei Fackellicht in einem antiken Amphitheater in Nordafrika vor „zweitausend Arabern und Freunden" geben, aber Paul widerspricht, das sei nicht drin: Ringo (der ungern fliegt) weigere sich kategorisch, im Ausland aufzutreten. Na ja, vielleicht könne man ja wieder Jimmy Nicol engagieren, der 1964 einmal den erkrankten Ringo vertreten hat – aber nein, das ist nur ein Witz von Paul, und damit ist die Sache mit dem Amphitheater erledigt. Da Glyn Johns einen Open-Air-Sound toll findet, wäre vielleicht eine realistischere Möglichkeit, in England irgendwo im Freien zu spielen – mit guten Heizaggregaten, meint Paul, könne man das auch im englischen Winter hinkriegen, selbst Regen sei nicht weiter schlimm, wenn er auch die Gefahr berge, daß ein paar Leute durch Starkstromschläge ums Leben kommen.

Der reiseunwillige Ringo unterhält sich derweil mit Denis O'Dell, der nicht nur die gerade gefilmte Beatles-Probendokumentation produziert, sondern auch den Spielfilm *The Magic Christian*, der in den nächsten Wochen ebenfalls hier in den Twickenham-Studios gedreht werden soll. Ringo, Hauptdarsteller des Films neben Peter Sellers, glaubt, daß die Dreharbeiten schon am 17. Januar beginnen sollen, doch O'Dell sagt ihm, der Drehstart sei um eine Woche auf den 24. verschoben worden. Ringo nimmt an, in zwei Wochen seien die Beatles mit ihren Proben und dem geplanten Konzert fertig, und läßt sich vom Fortschritt beim Kulissenbau (nicht für das Konzert, sondern für den Film) berichten; Paul und Lindsay-Hogg sind inzwischen bei unverfänglichen Gesprächsthemen angelangt: Zigarren und Whisky und ihre besten Quellen.

Derweil stimmt John schon seine Gitarre, die Proben gehen also weiter. Während der nächsten zwanzig dokumentierten Minuten wird weiter an I'VE GOT A FEELING gearbeitet, und zwar zunächst – sozusagen zum Warmwerden und natürlich zum Stimmen der Instrumente – an einzelnen kleinen Passagen. Paul schlägt George vor, er solle ein paar Schnörkel in sein Spiel einbauen; George tut das, legt ein paar Riffs hin, meint dann aber, dieses ewige Herumgemache an nur einem Song finde er nicht so gut – vielleicht sei's besser, zunächst alle neuen Songs, die die einzelnen Beatles zu bieten haben, nur einmal kurz zum Kennenlernen durchzuspielen. Daß dieser Vorschlag von George kommt, ist nicht verwunderlich. Er ist kein Spontangitarrist, der aus dem Augenblick heraus improvisieren und gute Ideen entwickeln kann (schon gar nicht unter den Augen eines Haufens neugieriger Außenstehender), sondern er prökelt an neuem Songmaterial lieber allein für sich zu Hause herum – dies ist einer der Gründe, warum ihm ohnehin die ganze Probensituation in Twickenham mißfällt. Paul will ihm schon recht geben – aber John meint, ein bißchen könnten sie schon noch weitermachen, und so spielen die vier Beatles sich einmal komplett durch I'VE GOT A FEELING (3:40). Der Song steht jetzt, alle Elemente sind nun an ihrem Platz, wenn auch noch alles ein bißchen roh und ungehobelt ist – der Gesang von John und vor allem Paul ein bißchen überdreht, Georges Leadgitarre stellenweise ein bißchen uninspiriert. Aber vor allem die beiden Textautoren und Sänger John und Paul äußern sich zufrieden, fangen nach kurzer Detailarbeit noch einmal mit einem Durchlauf von I'VE GOT A FEELING (3:25) an, der aber nach knapp einer Minute in reine Gitarren-Soundeffekt-Experimente nach Katzenjammer-Manier zerfällt. Die Luft ist raus. Paul meint: „Laßt uns einen andern Song machen, neue Akkorde lernen." John möchte immer noch weitermachen, aber Paul winkt ab – sie sollten sich aufschreiben, was sie erarbeitet haben, und damit gut. George würde gerne eine Aufnahme des Songs mit nach Hause nehmen (zum Selberüben, klar); Paul meint, dafür müßten die Tonspuren der Kamera wohl hinreichen.

Thema erledigt – neuer Song. John spielt solo und instrumental seinen SUN KING (0:30), aus dem er übergangslos eine Soloversion von DON'T LET ME DOWN (0:39) entwickelt. George möchte gern mitmachen und unterbricht John, um zu fragen, was er denn singen solle. Die nächste halbe Stunde gehört der Arbeit an Johns neuem Song, wobei zunächst die von George aufgeworfene Frage nach dem Gesangsarrangement im Vordergrund steht. Paul diskutiert mit, doch heraus kommt dabei nichts, also singen und spielen John und George zunächst eine provisorische Version von DON'T LET ME DOWN (2:45), an der Paul und Ringo sich nicht beteiligen. Nach dem vorzeitigen Abbruch dieser Version klagt John, er wisse nicht so recht, wie er die verschiedenen Teile des Songs vernünftig sortieren solle; dazu spielt er permanent Akkorde aus *Sun King*, von George mit bluesigen Riffen unterstützt. Es hat den Anschein, als wolle John in diesem Stadium die beiden Songs unbedingt miteinander verbinden oder begreife *Sun King* sogar als Teil von *Don't Let Me Down*; dies führt leider dazu, daß Johns Versuche, etwas aus *Don't Let Me Down* zu machen, weit weniger stringent klingen als das Durchspiel mit George und Ringo am Vormittag – die *Sun-King*-Akkorde tragen eine schleppend-schläfrige Stimmung in den Song, die einfach nicht paßt. John, George und Paul probieren, ob sie wenigstens den Refrain gemeinsam etwas aufpeppen können, aber John findet das nicht so „natürlich wie heut morgen". Paul meint, es wäre gut, wenn man ein Piano einbauen könnte. John: „Wie soll das gehen?" Paul überlegt, vielleicht könne George den Baß übernehmen, bei *Julia* auf dem Weißen Album habe ein Gitarrist doch auch gereicht, doch John urteilt begreiflicherweise, eine Gitarre allein sei für dieses Stück „nicht heavy genug". Aber probieren könne man's ja mal, ansonsten müsse man halt noch jemanden dazuholen.

John und George spielen weiter eine lose Abfolge von Akkorden. John zu Paul: „Du willst jetzt das Piano dazu haben?" Paul: „Äh – nein, wir lassen's erstmal, wie's ist." Aber wie's ist, gefällt es ihm nicht wirklich, denn es fehlt jede Struktur. Paul fragt John: „Was willst du, worauf wir spielen?" John: „Na, einfach auf euren üblichen Instrumenten." Johns Prinzip scheint zu sein, einfach mal zu schauen, was passiert; aber es passiert nichts, weil die Struktur fehlt und sich nicht von allein ergeben will. Als Paul ihn auf dieses Problem anspricht, versucht John zunächst, sich der Diskussion zu entziehen, indem er zu singen beginnt, aber auch der Gesangspart hängt in der Luft, und John muß zugeben, daß er nicht weiß, wie er den Song sortieren soll. Paul entwickelt spontan eine zweite Stimme zu Johns Gesang, wohl gedacht für einen Pianopart. Vor allem aber will Paul den zerfallenden Song irgendwie in den Griff kriegen und fordert John auf, ihn einfach einmal durchzuspielen, und so folgt ein fast kompletter Durchlauf der derzeitigen Fassung von DON'T LET ME DOWN (3:15). George spielt eine etwas jaulige Gitarrenbegleitung; Paul schlägt ein Tamburin, singt dann spontane Vokalzeilen, in die John einfällt. Während dieses Durchlaufs und noch danach bringt Paul Johns Song in Struktur, schlägt auch einen veränderten Refrain-Übergang vor. John diktiert derweil dem Assistenten Mal Evans seinen Text, von dem er zugibt, daß er ihn verfaßt habe, ohne sich sonderlich um den Sinngehalt zu kümmern.

Nach dieser konzentrierten Arbeitsphase ist offenbar ein kleiner Ausbruch vonnöten, also schüttelt John, nachdem er die Riffs von *Don't Let Me Down* nochmals rasch angespielt hat, eine kurze Instrumentalimprovisation (0:40) aus dem Ärmel, bevor alle vier Beatles zusammen das Intro zu einem offenbar schon einstudierten Stück unbekannter Provenienz (0:19) herunternudeln. Da sie nun schon dabei sind, gemeinsam zu spielen, versuchen sie sich auch erstmals an einer gemeinsamen Version von DON'T LET ME DOWN (3:04), die zwar nach gut zwei Minuten weitgehend zerfasert, weil keinem der vier so richtig klar ist, wie das gewünschte Break am besten ablaufen soll, und deshalb ein großes Herumprobieren einsetzt – aber bis zu diesem Punkt gelingt ihnen ein straffer erster Probedurchgang, der das Potential des Stückes mehr als andeutet.

Zeit für eine kleine Pause. Irgendwer hat ein Tütchen mit Proviant angeschleppt. „Paul, willst du Sandwiches?", fragt George – aber in der Tüte sind hauptsächlich trockene Milchbrötchen, und George informiert die Umstehenden: „Sowas essen wir nicht!" Yoko Ono fragt John, ob er Grapefruits wolle; George schnappt sich lieber eine Gitarre, spielt eine metallige Improvisation, die dann in den Buddy-Holly-Klassiker WELL ALRIGHT (1:41+) übergeht, zu dem George auch Textfetzen mitsingt.

Das alles spielt sich um 18:35 ab. Der Tag ist lang geworden, weswegen Johns Angebot, den Kollegen noch einen neuen Song beizubringen, nicht verfängt. John vergnügt sich statt dessen mit dem Riff eines unbekannten Songs (0:25), zu dem Paul einen nicht zu verstehenden Text singt; kurz darauf singt und spielt George – ansatzweise begleitet von John an der Gitarre – einen seiner eigenen neuen Songs: ALL THINGS MUST PASS (1:24+), Georges Versuch, einen Song im Stil von The Band zu schreiben.

Sollte George gehofft haben, er könne die Kollegen verleiten, das Stück mit ihm zu proben, so täuscht er sich. Statt dessen ist es Paul, der einen neuen Song in die Sessions einspeisen kann: mit sicherem Gesang und eigener Begleitung an der Akustikgitarre geleitet er die anderen Beatles durch die früheste bekannte Probe von TWO OF US (7:03), gekennzeichnet von etlichen Wiederholungen, Stockungen und Unsicherheiten. Klar ist allerdings, daß Paul eine sehr genaue Vorstellung davon hat, wie der Song klingen soll und wie er zu spielen ist; er hat den Text schon komplett fertig, gibt Ringo Anweisungen zum Rhythmus, sagt die Gitarrenakkorde an und benimmt sich wie ein talentierter Oberlehrer. George versucht, ihm auf der E-Gitarre zu folgen; von John ist nichts zu hören.

Inspiriert von der Textstelle „We're on our way home / We're going home", spielt Paul kurz einen Schnipsel aus einem anderen Stück mit der Refrainzeile „We're going home" (0:16); womöglich handelt es sich um eine spontane Improvisation, allerdings tun die anderen Beatles von der ersten Sekunde an mit. Wie auch immer – die Proben von TWO OF US werden noch mindestens eine halbe Stunde fortgesetzt, wobei kaum Pausen zwischen den einzelnen Durchläufen gemacht werden – der Song strömt beinahe pausenlos vor sich hin. Schon bald versucht John, einen Harmoniegesang beizutragen; etwas später macht auch George mit. Die E-Gitarre von George wird zusehends markanter, weil die Spielsicherheit zunimmt; damit verändert sich allerdings auch der Sound des Songs, der etwas von seiner anfänglichen Leichtigkeit einbüßt. Sobald die Mitspieler über eine gewisse Grundsicherheit verfügen, probiert Paul Varianten aus, fügt die nicht ernstgemeinten Textzeilen „You and me Henry Cooper / Henry Cooper every day" ein (der Brite Cooper ist zu dieser Zeit Box-Europameister, hat allerdings beim Versuch, auch über Europa hinaus zu Ehren zu kommen, schon zwei Niederlagen gegen Muhammad Ali einstecken müssen) und ersetzt „Henry Cooper" dann auch noch durch Quatschnamen. Wichtiger sind die musikalischen Änderungsversuche. Paul will die Middle-Eight in doppeltem Tempo gespielt haben, ein Versuch, der allerdings nicht befriedigt und später wieder aufgegeben wird. Außerdem legt er die Gitarre zur Seite, um zu sehen, ob John und George den Song instrumental allein hinbekommen – in der Tat tun sie's, also greift Paul sich seinen Baß und versucht damit eine Begleitung zu entwickeln. Solo zum Baß improvisiert er zwischendurch kurz ein weiteres Heimkehr-Liedchen mit der Gesangszeile „It's good to see the folks back home" (0:16), aber das ist nur ein Ablenkungsmanöver. „Ich weiß nicht", gibt Paul zu, „ich kann den Baß nirgendwo richtig drin sehen." Dennoch spielt er TWO OF US weiter permanent durch, mit einer Baßmelodie, die immer markanter wird, aber dadurch auch den Charakter des Songs eher ungünstig verändert. „Laßt es uns alles ruhiger versuchen", gibt Paul eine neue Parole aus, und dann eine andere, die sich eher gegenteilig anhört: „Wir lassen es schneller klingen." Aber das sind alles keine wirklichen Verbesserungen, außerdem sind alle Beteiligten nun langsam müde, deswegen wird der erste Probentag beendet.

Und was hat er gebracht – wie sieht das Fazit aus? Auf den ersten Blick gar nicht so schlecht. Schon am ersten Tag sind sechs tadellose neue Songs zusammengekommen: *I've Got A Feeling* als Gemeinschaftsarbeit von Lennon / McCartney; *Don't Let Me Down* und *Dig A Pony* von John Lennon; *Let It Down* und *All Things Must Pass* von George Harrison; *Two Of Us* von Paul McCartney. Dazu als Songs zweiter Wahl *A Case Of The Blues* (eher ein Solostück), *Child of Nature* (schon älter, zudem für das gegenwärtige Projekt nicht wirklich geeignet) und *Sun King* (noch unausgegoren), alle drei von John Lennon, der überhaupt gut drauf und produktiv zu sein scheint.

Auf den zweiten Blick deuten sich allerdings schon Probleme an. Wenn's um die Arbeit an neuen Songs geht, weiß Paul vielleicht etwas zu gut, was er will; die anderen können da nicht mithalten. Johns *Don't Let Me Down* muß von Paul erst aufpoliert werden, damit der Song sein Potential entfalten kann; vielleicht verzichtet John deshalb darauf, nach Pauls Erscheinen auch seinen zweiten neuen Song *Dig A Pony* nochmals vorzustellen, und überhaupt scheint er sonst gar nichts mehr zu bieten zu haben – Johns Produktivität des ersten Tags wird sich bald als Strohfeuer erweisen. George wiederum ist mit dem ganzen Setting der Proben unzufrieden, kommt zudem mit seinem eigenen Songmaterial nicht recht zum Zuge. Und hinter allem steht die weithin unbeantwortete Frage, was man denn mit diesen Proben überhaupt bezwecken will und worauf sie hinauslaufen sollen. Zündstoff genug also für die nächsten Tage. Wird es gelingen, ein Feeling der Gemeinsamkeit zu entwickeln, wie es in *I've Got A Feeling* und *Two Of Us* anklingt, oder geht (mit der Leitvokabel aus den neuen Songs von John und George) alles *down*, den Bach runter?

Alles muß vergehen

Freitag, 3. Januar 1969, Filmstudio Twickenham

Als gegen halb elf an diesem zweiten Probentag die Filmaufnahmen beginnen (ab jetzt sind zwei Kameras im Einsatz), sind Paul und Ringo da, George und John aber noch nicht. Paul nutzt die Zeit des Wartens auf die beiden Gitarristen, indem er sich ans Klavier setzt und zwischen Fingerübungen einige neue Stücke anspielt. Dies sind großteils keine Stücke, die für den geplanten Live-Auftritt geeignet sind, sondern ruhige, balladeske Klavierkompositionen. Bei Einsetzen der Aufnahmen spielt Paul gerade die letzten Takte eines verträumten Stücks, von dem es zuvor nur eine Demo-Aufnahme aus dem Dezember 1968 gibt: THE LONG AND WINDING ROAD (0:14+). (Angeblich hat Paul den Song schon während der Arbeit am Weißen Album einmal auf Band gespielt, dieses Band ist aber verschollen.) Als nächstes singt und spielt er – begleitet von Ringo, der den Rhythmus klatscht – eine schnellere Neukomposition, OH! DARLING (1:01+), improvisiert ein wenig und nimmt sich dann spielend, singend und pfeifend ein schon komplett ausgearbeitetes Stück vor, nämlich das nach Gassenhauer klingende MAXWELL'S SILVER HAMMER (2:55), das bereits fürs Weiße Album im Gespräch war, aber nicht allen Beatles bekannt ist. Paul und Ringo, der wieder mitklatscht, haben ihren Spaß und zeigen das auch, indem sie einige Passagen theatralisch übersteigern. Regisseur Michael Lindsay-Hogg fragt: „Ist euch Jungs überhaupt bewußt gewesen, daß ihr gefilmt werdet?" Paul antwortet lachend: „Aber nicht doch!"

John und George sind immer noch nicht da, also übt Paul weiter sein Klavierspiel, diesmal mit einem elegischen Stück des amerikanischen Komponisten Samuel Barber, dem ADAGIO FOR STRINGS (4:07+); knappe anderthalb Minuten dieser Klavierübung sind später im Film *Let It Be* zu hören – allerdings nicht zu sehen, da Lindsay-Hogg sie mit späterem Bildmaterial kombiniert. Paul beendet die elegische Stimmung mit einer Cha-Cha-Version des Klassikers TEA FOR TWO (1:08), die Ringo mit Knieklatschen und rhythmischem Teetassenklappern begleitet. Das macht beiden Spaß, also wirbeln sie mit gesteigertem Tempo nochmals durch TEA FOR TWO (0:43), bevor Paul zu Fragmenten aus anderen Stücken übergeht: dem Walzer CHOPSTICKS (0:29), einer improvisierten Eigenkomposition (0:40), der Titelmelodie der Kindersendung TORCHY, THE BATTERY BOY (1:13), Jerry Lee Lewis' WHOLE LOTTA SHAKIN' GOIN' ON

(0:48) und einer weiteren Improvisation (0:35). Übergangslos geht es weiter mit einer Eigenkomposition, zu der Paul zunächst nur „hmm hmm hmm" singt, dann drei Zeilen über seine früh verstorbene Mutter: „When I find myself in times of trouble / Mother Mary comes to me / Speaking words of wisdom, let it be." Der Song ist LET IT BE (1:09), bei den Sessions zum Weißen Album wurde er kurz als Rocksong ausprobiert, jetzt hat Paul ihn zur Ballade umarrangiert und auf seine ihn tröstende Mutter (die ihm angeblich im Traum erschienen ist) umgetextet. Nach der ersten Strophe des noch unfertigen Stücks geht Paul in eine weitere Improvisation (1:13) über.

George trifft unterdessen ein und entschuldigt sich, er habe verschlafen – aber das macht nichts, John fehlt ja eh noch. Paul knabbert an einem schon angebissenen Apfel, der auf dem Klavier liegt (und ein hübsches Symbol der Beatles-Firma Apple abgibt). Paul tut es ein wenig leid, daß er dem Filmteam bisher nur Klaviergeplänkel zu bieten hat, aber Lindsay-Hogg stört das nicht: „Nein nein, das war schön. Das war ganz nett. Weißt du, wir haben ein paar Szenen eingefangen, wo man deine Finger nicht sieht, und wenn wir dann ein bißchen was für stimmungsvolle Stellen brauchen, läßt sich das vielleicht verwenden." Tatsächlich werden Filmaufnahmen des Moments, in dem Paul am Klavier improvisiert und George dazukommt, später im Film *Let It Be* vor den Ton des *Adagio For Strings* gelegt. George hat derweil ein anderes Problem – er beklagt, daß sie auf den Fotos des Fanmagazins *The Beatles Book* nun „zunehmend immer älter" aussehen.

Der älteste Beatle, Ringo, übernimmt Pauls Platz am Klavier, um einige Takte einer neuen Eigenkomposition zu spielen und zu singen: TAKING A TRIP TO CAROLINA (0:36). Während Ringo ziellos weiter auf dem Klavier herumklimpert, blättern George und Paul in der neuesten Nummer von *The Beatles Book* herum. George liest belustigt ein paar Überschriften vor: „,Die wahre Geschichte der Beatles' – wir haben sie nicht verbergen können! ,Paul McCartney und seine Freundin, die Photographin Linda Eastman, besuchen in Portugal den Beatles-Biographen Hunter Davies'". Dann greift er sich seine Akustikgitarre und spielt und singt Bruchstücke aus PLEASE MRS. HENRY (1:08), einem Song der *Basement Tapes* von Dylan und The Band. Ringo: „Ist das ein Blues-Stück?" George: „Hast du sie nicht abgespielt, die Tapes von Dylan?" Ringo: „Ach ja – äh, die wollten nicht laufen." George ist von Dylan sehr beeindruckt und fängt an, eine Eigenkomposition im Dylan-Stil zu spielen, RAMBLIN' WOMAN (1:37); Ringo klimpert dazu auf dem Klavier herum, und Paul steuert ein bißchen Harmoniegesang bei. George macht zu akustischer Gitarrenbegleitung mit einem weiteren offenbar unfertigen Stück mit der Textzeile „Is it discovered?" (0:40) weiter, und jetzt ist es Paul, der aus *The Beatles Book* vorliest. Ihn belustigt und erfreut die Hofberichterstattung: „Mir gefällt das, wie sie das durchziehen." George: „Auf die ist Verlaß." Paul: „Das ist schon irgendwie verrückt. Selbst wenn wir im Kittchen wären, würden sie noch niedlich drauflosschreiben: ‚Ringo, der ein bißchen einsitzt, sagt: Ist famos hier!'"

Ringo, ebenfalls belustigt, klimpert ein paar eher stumpfsinnige Takte auf dem Klavier, und George schrammelt dazu auf der Gitarre herum. Das sind nicht einmal Fingerübungen, sondern eher Versuche, die Langeweile zu vertreiben. Gesprächsthema ist Pauls neuer Bart, dann Dylans ehemalige Begleitgruppe The Band, von der George richtiggehend schwärmt: „Das ist alles Country & Western – wißt ihr, deren Lieblingstrack auf unserm Album ist Ringos Track" (also das rumpelige *Don't Pass Me By*, der erste von Ringo geschriebene Beatles-Song überhaupt). Paul: „Ringo, schreibst du mal wieder einen?" Puh – eine taktlose Frage, wie Paul selbst gleich merkt. Ringo: „Ja, ich schreib wieder einen – will's gern machen, aber hab's auch wirklich satt." Zur Demonstration hämmert er am Klavier drauflos, um Bruchstücke aus einem in Arbeit befindlichen Song über den Kauf eines „Picasso" (0:35) zu singen und zu spielen; Paul und George murksen begeistert mit. George will was erzählen – „Wißt ihr, Dylan ..." –, aber da schneiden die andern beiden ihm das Wort ab. Ringo nimmt gleich auch wieder sein anderes neues Werk in Angriff, TAKING A TRIP TO CAROLINA (0:26). George (der an der Gitarre mitschrammelt): „Welche Tonart?" Ringo: „Die selbe."

George schlägt ein paar Akkorde auf der Gitarre an, vielleicht um ein eigenes Stück zu spielen, doch Paul singt dazu HEY JUDE (0:09), und sie sprechen über Wilson Picketts Version das Liedes. Paul freut sich, daß seine Songs von guten anderen Künstlern aufgenommen werden. George mokiert sich über die Filmcrew, die die Beatles beim Nichtstun filmt, kommt dann aber wieder zum Thema: „Wenn ich an die ganzen Stücke denke, die ich noch hab – die sind alle eher langsam. Ich hätte noch *Taxman*, Teil zwei – *Taxman Revisited*, fünf Jahre danach. Das könnte vielleicht nett sein, müßte aber eher was Trauriges werden, vielleicht mit Streichern." Paul: „Sitar vielleicht." George: „Bislang gibt's nur ein paar, die ich live ohne Gruppe machen könnte." George traut sich nicht recht, den Gedanken an Soloauftritte ernsthaft zu verfolgen. Paul: „Wenn du das machen könntest, das wär toll." Ringo stimmt zu.

Singend und an der akustischen Gitarre stimmt George erst einmal sein vom Vortag schon bekanntes Stück ALL THINGS MUST PASS (1:40) an, möchte es aber nicht als Solovortrag verstanden wissen: „Es wäre nett, wenn ich ein bißchen Schlagzeug dazu hätte." Paul hämmert recht krawallig auf Ringos Instrument ein und singt ein paar Harmonien mit. Zu Pauls gewalttätiger Trommelei paßt die zaghafte Akustikgitarre nicht, also wechselt George zur E-Gitarre und spielt eine weitgehend improvisierte Instrumentalversion von DON'T LET ME DOWN (1:59). Passenderweise taucht kurz darauf der Autor des Songs auf, John, natürlich mit Yoko. Zum gemeinsamen Warmwerden legen die Beatles (Ringo jetzt wieder selbst am Schlagzeug) eine recht schroff rockende Improvisation (2:59) hin. John hält sich noch zurück; die anderen drei gehen in eine von viel Spielfreude gezeichnete Version von Bo Diddleys CRACKIN' UP (2:08) über, gefolgt von einer weiteren Improvisation (2:44), jetzt mit einem schnelleren Rhythmus. George spielt und singt (mit Pauls Unterstützung) noch ein Fragment aus CRACKIN' UP (0:26), dann macht er (wiederum mit Pauls Gesangshilfe) mit Elvis Presleys ALL SHOOK UP (1:05) weiter, auch Ringo trommelt wieder ein bißchen mit. Alle drei scheinen Spaß zu haben; es ist, als wollten sie ihre undisziplinierte Frühphase wieder aufleben lassen, und so folgen übergangslos noch drei Songs, die sie seinerzeit spielten: YOUR TRUE LOVE (1:42) und BLUE SUEDE SHOES (1:32) von Carl Perkins sowie THREE COOL CATS (2:11) von den Coasters. Der bekennende Carl-Perkins-Fan George singt Lead Vocals, aber Paul und nun auch John grölen nach Kräften mit. Sowie sie fertig sind, tut John so, als verlese er Songwünsche von ihren frühen Fanclubs, der „Bulldoggenbande" und der „Zementmixergilde".

Die Beatles finden Spaß an der Alberei und versuchen sich ausgerechnet in diesem Zustand an einer Art Hillbilly-Version von Dylans BLOWIN' IN THE WIND (0:33+), dann an Little Richards LUCILLE (2:26), gekennzeichnet von Pauls Krächzern und Kieksern, die den Vortragsstil von Little Richard imitieren sollen. Opfer eher parodistischer Verwurstungen können aber auch die eigenen Songs werden. Paul reißt seine Kollegen in eine wie besoffen klingende Version der Lennon-Komposition I'M SO TIRED (2:14) vom Weißen Album, die er mit Anspielungen auf Alkohol und Drogen anreichert. Dann ist Pauls eigene Komposition OB-LA-DI, OB-LA-DA (1:26) dran, getragen von einem karibisch-hüpfenden Baßrhythmus und karnevalistischen Gesangseinlagen von Paul und John. Paul äußert sich abfällig über den aus Nigeria stammenden Congatrommler Jimmy Scott, der behauptet hatte, den Ausdruck „ob-la-di, ob-la-da" habe Paul von ihm gestohlen, und gern Tantiemen bezogen hätte.

Paul improvisiert auf dem Baß einen wummernden Soul-Rhythmus und singt dazu mit tiefer Stimme „Get On The Phone" (0:47), weil irgendwo ein

Telefon klingelt. John möchte mitspielen, doch sein Verstärker geht nicht, ein Problem, das Mal Evans auf Georges herablassende Anweisung hin behebt. Während die kleineren technischen Schwierigkeiten ausgeräumt werden, wummert Paul nochmals den Rhythmus von *Ob-La-Di, Ob-La-Da* herunter, während John mit viel Hall Akkorde von *Don't Let Me Down* anreißt. Paul schlägt vor, den Song zu proben, und singt sich wiederholende Textzeilen aus DON'T LET ME DOWN (0:21). Mal Evans wird losgeschickt, den Text zu holen, nach weiterem Rumgealbere wird aber erst einmal das THIRD MAN THEME (1:48) aus dem berühmten Nachkriegsfilm *Der dritte Mann* gespielt (eine Nummer aus dem frühen Live-Repertoire der Beatles). Auf fragmentarische Gitarren- und Baßriffs und einen ad-hoc-Gesang Johns folgt plötzlich ein kurzer Up-Tempo-Song, der wie ein 50er-Jahre-Standard (oder eine Parodie darauf) klingt, aber offensichtlich ein Augenblickseinfall von John (mit Beigaben von Paul) ist und dessen Text aus sinnleeren Floskeln mit der Schlüsselformulierung „Negro in reserve" (0:43) besteht.

Und damit kann nun endlich die ernsthafte Probenarbeit beginnen. John singt und spielt sich beherzt durch DON'T LET ME DOWN (3:20); nach anfänglichem Zögern machen die Kollegen mit, und es wird ein sehr sicherer und kompetenter Durchlauf, der nichts mehr von der unklaren Struktur hat, die den Song noch am Vortag kennzeichnete. Paul versucht sich an einer improvisierten Gesangs-Gegenmelodie (die später wieder aufgegeben wird); John hingegen probiert kurz vor Schluß einen eingeschobenen Sprechgesang mit Variationen auf Zeilen aus *Happiness Is A Warm Gun*: „And when I hold you in your arms / And I feel your pancake next to my trigger". Außerdem will John, daß George seiner Gitarre einen Sound entlockt, wie er ihn auf *Long, Long, Long* hinbekommen hat – George erklärt John (der bei jener Aufnahmesession nicht dabei war), daß er das mit seiner Gibson unter Zuhilfenahme der Studiotechnik gemacht habe und nicht (wie von John vermutet) mit einer bundlosen Gitarre, aber das ist John auch egal, er will nur den Sound haben.

Inzwischen ist es zwölf Uhr. Die Beatles arbeiten noch etwa eine halbe Stunde an Johns Song weiter, zum Teil detailliert nur an einzelnen Problempassagen, spielen DON'T LET ME DOWN (2:22) dann aber auch wieder komplett durch. John: „Ich frag mich, wie lang es ist. Stop mal die Zeit, Mal. Wahrscheinlich ist es nur eine halbe Minute lang." Nach ein bißchen Detailgefummel, einer von John fabrizierten parodistischen Kurzform von OB-LA-DI, OB-LA-DA (0:03) und zwei Fehlstarts (bei denen Paul auffällt, daß die inzwischen installierte PA nicht funktioniert) spielen sie also noch einmal komplett und mit großer Sicherheit durch DON'T LET ME DOWN (2:40). Das Stück klingt nun ungeheuer kompakt und dabei doch auch relativ ausgefeilt. Während John ein paar Takte SUN KING (0:05) nudelt, verrät Mal Evans das Ergebnis des Mitstoppens. Paul: „Das ist unglaublich! Es klingt wie nur ..." John: „... eine halbe Minute!" Paul: „Okay."

Wenn etwas gut und okay ist, soll man es sich nicht durch Überdruß verderben. Also weiter zu einem anderen Song – Paul reißt seine Mitspieler in einen Komplettdurchlauf von I'VE GOT A FEELING (3:57), dem neuen Gemeinschaftswerk von Lennon / McCartney. Der Durchlauf klingt recht beschwingt, aber noch etwas ungehobelt, deshalb folgt die unvermeidliche Detailarbeit an einzelnen Passagen. Paul will eine bessere Bridge haben und probiert ein paar Möglichkeiten durch; beim Versuch, eine Variante mit voller Lautstärke im Duett zu singen, kann John, dessen Stimme nicht hoch genug reicht, nur in Blödeleien verfallen – und sich rausreden: „So früh morgens; und ich bin nicht mehr achtzehn!" Nach einigen weiteren Teilproben wird I'VE GOT A FEELING (3:27+) nochmals komplett durchgespielt, mit vollem Einsatz, wenn auch John bei seinem Gesangspart ins Parodistische abgleitet. Paul, der sich durch große Teile seines Gesangs hindurchkreischt, äußert die Befürchtung, auf diese Weise rasch seine Stimme zu verlieren. Man geht dazu über, wieder gezielt einzelne Passagen nachzubessern, aber jedes „Oh yeah!" muß um Pauls Stimme fürchten lassen – er klingt schon leicht heiser, außerdem scheint er für einen Moment das erklärte Live-Prinzip zu vergessen, als er Gitarren-Overdubs in Betracht zieht. Zur Erholung improvisiert er ein leicht an *Ob-La-Di, Ob-La-Da* erinnerndes Baßriff (0:22), und das ist das Signal, daß nach mindestens zwanzig Minuten Arbeit an *I've Got A Feeling* erst einmal wieder Entspannung angesagt ist.

Am Vorabend traten Canned Heat im englischen Fernsehen auf, und Paul schwärmt: „Die Canned-Heat-Nummer – das Ding liebe ich, das neue." Also singt und spielt er es kurz an: GOING UP THE COUNTRY (0:06). Besonders gefällt ihm die Flöte in dem Stück: „Fast keine Seele drin – aber es ist toll. Und das Ende ist toll, weil sie einfach ein falsches Ende machen: dudududududududschmmdschmm." George ist der selben Meinung und spielt und singt eine Zeile aus dem vorherigen Hit der Band, ON THE ROAD AGAIN (0:05). Lässig und gleichzeitig kraftvoll finden Paul und George den Canned-Heat-Sound – lässig und kraftvoll ist auch das, was Paul und John jetzt anstimmen: ONE AFTER 909 (3:05). Alle vier Beatles sind sofort mit ganzer Kraft (wenn auch unsauberer Instrumentierung) dabei, denn es ist eine alte Lennon-McCartney-Nummer aus ihrem frühesten

Repertoire, geschrieben irgendwann zwischen 1956 und 1959, zu hören auf Aufnahmen von 1960 und 1962, schließlich 1963 bei den Sessions zur Single *From Me To You* in mehreren Takes aufgenommen, aber nie veröffentlicht. Der ungehobelte Klang, in dem dieser alte Song im Januar 1969 geprobt wird, ähnelt erstaunlicherweise mehr der Urversion von 1960 als der kultivierteren (und dadurch langweiligen) Fassung von 1963 – und genau das entspricht natürlich dem Prinzip ‚zurück zu den Anfängen‘, dem die Beatles jetzt huldigen. Sie haben viel Freude an dem rustikalen Stück, nur John hat Einwände: „Ich wollte schon immer den Text umschreiben." Paul, schüchtern gackernd wie ein schwärmerischer Schuljunge: „Aber nein – das ist toll!" Beide witzeln noch an dem simplen Text herum. George: „Vielleicht sollten wir dies Ding einfach spielen, ohne es zu üben. Vielleicht macht Übung es auch kaputt."

Wo sie gerade bei Uraltmaterial sind, stimmt John eine weitere nie veröffentlichte, aber aus dem Stand beherrschte alte Nummer an, BECAUSE I KNOW YOU LOVE ME SO (2:28+), was George Gelegenheit gibt, Gitarrenphrasen à la Carl Perkins aus dem Ärmel zu schütteln. Damit sind sie in bester Stimmung für einen weiteren Komplettdurchlauf von ONE AFTER 909 (2:52). Wieder belustigen sie sich über den Text, und wieder meint John, den müsse man etwas nachbessern, aber George findet, wenn ein Song einen packe, sei der Text völlig egal. John und Paul stimmen im Duett einen weiteren ihrer unveröffentlichten Urzeit-Songs an, eine langsame Schnulze, deren Schlüsselzeile „I'll wait 'til tomorrow" (0:59) lautet. Wo sie gerade bei Schnulzen sind, variiert John eine Zeile des Irving-Berlin-Standards A PRETTY GIRL IS LIKE A MELODY (0:11) zu „a girl is like a macaroni", was Paul und George mit einem Schnipsel aus der wiederum unveröffentlichten alten Lennon-McCartney-Nummer THINKING OF LINKING (0:21) quittieren. Es hat den Anschein, als suchten die Beatles im Gedächtnis nach ihren ältesten Schandtaten, um auszuprobieren, ob sich damit noch etwas anfangen läßt. Das nächste, was Paul einfällt und von ihm zusammen mit John kurz angesungen wird, ist ein Liedchen mit der Eingangs- und Refrainzeile „Won't you please say goodbye" (0:50), bei dem John gesteht, daß er es weitgehend aus einem Sam-Cooke-Song gestohlen habe. Also fängt George an, das betreffende Lied zu singen, BRING IT ON HOME TO ME (1:55), und die anderen machen schmalzend mit, soweit es ihnen ihre mangelhafte Textkenntnis erlaubt. Da sie nun bei Soul sind, singt und spielt George als nächstes Marvin Gayes HITCH HIKE (1:57), wozu John und Paul mit Falsettstimmen die obligatorischen Background-Sängerinnen imitieren. Das klingt naturgemäß eher belustigend als wirklich hörenswert, ebenso wie der unmittelbar folgende Versuch, das eigene YOU CAN'T DO THAT (2:15) vom 1964er Album *A Hard Day's Night* zu massakrieren. Paul bringt das Thema gereimter Titelbegriffe auf, und George fällt ein einschlägiger Song ein – also spielen sie mit viel Energie (und begrenzter Kunstfertigkeit) HIPPY HIPPY SHAKE (2:24), eine Nummer von Chan Romero aus dem Jahr 1959 (am bekanntesten in der Fassung der Swinging Blue Jeans, die allerdings erst Ende 1963 herauskam – die Beatles hatten das Stück schon früher in ihrem Live-Repertoire).

Und damit erst einmal genug der Zerstreuung. George: „Wie wär's mit *Two Of Us On Our Way Home*, bevor wir was essen?" Paul zögert, ihm paßt irgendwas an dem Song nicht, aber er sagt George, Glyn Johns habe vorgeschlagen, ihn mit zwei Akustikgitarren zu spielen. Paul bringt die anscheinend schon vorbesprochene Idee aufs Tapet, bei der geplanten Live-Show gekünstelte Ansagen vor die Songs zu schalten. John: „Wir müssen uns da nicht weiter drum bekümmern." Paul: „Nein nein." John: „Ich glaub, das ist einfach so, als wenn wir im Cavern wären, weißt du. Einfach die Gitarre nehmen, und los geht's mit der nächsten Nummer." Paul: „Klar."

Und los geht's mit TWO OF US (1:55), nach wie vor mit E-Gitarren und mangels Textgedächtnis mit viel „Hmm hmm hmm" von Paul und John, der findet, der Song klinge in seiner Art, „so dahinzufließen", ein bißchen nach den Lovin' Spoonful. Beim Versuch, die Middle-Eight (wie schon am Vortag probiert) in beschleunigtem Tempo zu spielen, bricht das Spiel ab. Es folgt deswegen gezielte Detailarbeit an der Middle-Eight; Paul probiert verschiedene Möglichkeiten durch. Vier weitere Versuche eines Komplettdurchlaufs von TWO OF US (2:37 / 2:44 / 2:19 / 2:30) zerfasern am Ende oder brechen gar abrupt ab, entweder weil die zweite Middle-Eight immer noch nicht funktioniert oder weil Paul den anderen (vorzugsweise George) Anweisungen gibt, was sie tun sollen: „Versuch's mal anders rum." Die Idee mit der schnellen Middle-Eight ist fallengelassen worden, und es gibt Momente und Passagen, wo der Song zu leben beginnt – aber insgesamt wird er im Verlauf der Proben nicht besser, sondern eher bemühter und auch inhomogener. Zeit für eine Pause.

Paul schlägt vor, zum Essen aufzubrechen, und George stimmt vor Freude wieder einmal einen Dylan-Song an: ALL ALONG THE WATCHTOWER (0:16). Paul singt ein bißchen mit; George erkundigt sich bei ihm, was mit seinem Auto sei, und fragt dann in Pauls Namen herum, ob diejenigen, die sich drum kümmern sollten, noch da sind. Worum geht's? „Waschen!" Paul verteilt derweil Mandarinen an jeden, der eine will, und ab geht's zum Essen.

Nach der Mittagspause läßt Paul sich von Regisseur Lindsay-Hogg das Smell-O-Vision-Verfahren erklären, eine kuriose Technik, mit der man bei Kinovorführungen Gerüche verströmen kann. Als Lindsay-Hogg von Shakespeare zu schwärmen anfängt, verliert Paul das Interesse.

George spielt einige Takte aus SUN KING (0:37) und gackert über irgend etwas; Paul gibt ein paar Baßzupfer zu. Während John im Gespräch mit Lindsay-Hogg die Idee entwickelt, das angestrebte Live-Konzert nur für einen einzigen Zuhörer (oder, etwas großzügiger, für eine achtköpfige Familie) zu geben, nudelt Paul ein improvisiertes Riff (0:25+) auf dem Baß; John und Ringo jammen ein wenig herum (0:34+), George pfeift dazu und beginnt dann (unterstützt von der kompletten Band), Larry Williams' SHORT FAT FANNIE (2:54) zu singen. Paul: „Welche Nummer sollten wir als nächstes machen?" Statt zu antworten, stimmt John den MIDNIGHT SPECIAL (2:05) an. Paul singt mit, aber auch gemeinsam kriegen sie nicht viel vom Text zusammen. George singt ein paar Zeilen aus einem Trinklied, möglicherweise einer sinnverkehrenden Variante des Temperenzlerlieds I'LL NEVER GET DRUNK ANY MORE (0:12) aus dem 19. Jahrhundert; John kontert mit Louis Jordans WHAT'S THE USE OF GETTING SOBER (WHEN YOU GONNA GET DRUNK AGAIN) (0:09); George wiederum mit einem uralten Gassenhauer, WHAT DO YOU WANT TO MAKE THOSE EYES AT ME FOR (WHEN THEY DON'T MEAN WHAT THEY SAY!) (1:02). Das Gedudel beendet George mit einer Bluesphrase, wobei ihm zwei Anekdoten über die Blues-Gitarristen B.B. King und Albert King einfallen. Paul, offenbar etwas gelangweilt, spielt das Baßriff von MONEY (THAT'S WHAT I WANT) (0:35) und sagt den Kollegen, sie sollten sich mal ihren „Plan" anschauen – gemeint ist eine Auflistung neuer Stücke samt Texten, auf der George nur Sachen von sich selbst und Paul findet. Hat John keine Songs mehr zu bieten? John: „Bloß eine Strophe von einem – *Gimme Some Truth* oder so. Vielleicht können wir das ja fertig-kriegen."

Paul kennt Johns Fragment schon, da es bei ihrem gemeinsamen Indien-trip Anfang 1968 entstanden ist, und deshalb versucht er sich mit Johns Hilfe an einer ziemlich unzusammenhängenden Stoppelversion von GIMME SOME TRUTH (1:10). George macht nicht mit, sondern bereitet sich drauf vor, ein eigenes Stück in Angriff zu nehmen, das Paul vorge-schlagen hat. Er spielt zunächst zu Demonstrationszwecken auf der Gitarre den Anfang von ALL THINGS MUST PASS (0:36), singt ein wenig dazu, Ringo trommelt den langsamen Rhythmus mit, während Paul zappelige Baßriffs zugibt. John ist untätig – George meint, er könne vielleicht eine

Lowrey-Orgel spielen, die aber erst noch hergerichtet werden muß. Nachdem George die Akkorde erklärt hat, versuchen die Beatles einen ersten Komplettdurchlauf von ALL THINGS MUST PASS (3:39+), bei dem nach kurzer Zeit auch Johns Orgel zu hören ist – sie klingt allerdings nicht unbedingt (wie von George wortreich erhofft) nach The Band, sondern eher nach Fingerübungen auf der Kirchenorgel.

Die nächsten zwei Stunden gehören der Arbeit an Georges pastoralem Stück. Nachdem George nochmals die Akkorde erklärt und bei Mal Evans nachgefragt hat, welche Gitarren zur Verfügung stehen, versucht man einen weiteren Durchlauf von ALL THINGS MUST PASS (1:58), der aber abbricht; am auffälligsten an diesem Versuch ist, daß Paul verschiedene Methoden durchprobiert, eine zweite Stimme zu singen. George möchte den Song eigentlich auf Akustikgitarre spielen, aber wie soll das gehen? John meint, dieses Problem hätten die Aufnahmetechniker bei anderer Gelegenheit schon mal gelöst, aber Paul erinnert ihn daran, daß es jetzt nicht um eine Aufnahme, sondern um einen Live-Auftritt geht. Tatsächlich haben die Beatles mit dem Konzerteinsatz akustischer Gitarren kaum Erfahrung; *Yesterday*, den einzigen akustischen Song ihrer Frühzeit, spielten sie live (wenn überhaupt) meist elektrifiziert. Einer der Tontechniker hat die Idee, erst einmal eines von Pauls Mikros für Georges Akustikgitarre abzuzweigen. Während das passiert, verübt John einen parodistischen Anschlag auf THE WEIGHT (0:06), ein Stück der von George ständig erwähnten Gruppe The Band, und Paul belustigt sich mit dem Lulu-Hit I'M A TIGER (0:20). Die getragenen Töne, die John auf der Orgel erzeugt, veranlassen Paul zu einer kleinen Predigt: „Willkommen in der Drive-in-Kirche von Los Angeles!" Die Akustik-Gitarre hat endlich ein Mikro, und George fängt an, gezielt einzelne Passagen zu spielen, dann folgt ein gemeinsamer Komplettdurchgang von ALL THINGS MUST PASS (4:20). Gleich danach fummelt George am Gitarrenmikro herum und bekommt einen Schlag, sehr zur Belustigung aller Umstehenden, deren Freude noch größer wird, als George es fertigbringt, sich noch einen zweiten Stromschlag einzufangen. Paul verkündet in irischem Akzent: „Gentlemen, ich möchte Ihre Aufmerksamkeit auf diesen Bengel hier lenken! Er hat soeben einen Stromstoß erlitten. Falls dieser Bengel stirbt, wird man Sie zur Rechenschaft ziehen!" (Diese Szene wird – allerdings gekürzt und geschickt umgeschnitten – später im Film *Let It Be* zu sehen sein.)

Inzwischen ist es vier Uhr. Es folgen drei weitere Durchläufe von ALL THINGS MUST PASS (3:08 / 3:30 / 3:36) und diverse Detailfeilereien, die George als sicheren Sänger und selbstbewußten Akustikgitarristen zeigen, aber unter halbherziger Beteiligung vor allem Johns und Pauls leiden. Paul zupft zwar am Baß, diskutiert aber nebenher lautstark mit Glyn Johns, den er auffordert, ein Mehrspuraufnahmegerät zu besorgen. Johns beklagt, mehr als ein Vierspurgerät habe die EMI nicht zu bieten, was Paul in Wallung bringt: „Stimmt nicht – sie haben den Beach Boys ein Scheißachtspurgerät gegeben. Haben sie wirklich, denn ich brauchte neulich das Studio, und sie sagten, wir müssen das Achtspurgerät umbauen, das war eine von deren Ausreden!" George: „Wär das hier Amerika, hätten wir 48 Spuren! Dabei geht's um ein Live-Album. Sie sind die Plattenfirma, sie müssen zahlen, und sie müssen eins beschaffen."

George, der immer wieder davon anfängt, mit welchem Feeling The Band seinen Song spielen würde und wie schön es wäre, könnten die Beatles wie The Band klingen, demonstriert seinen eigenen Bandgenossen das an ausgewählten Stellen und verrät John, daß er zwei Songzeilen („Sunrise doesn't last all morning / A cloudburst doesn't last all day") beim Drogenguru Timothy Leary abgeschrieben hat, woraufhin John seine Orgel gleich viel psychedelischer klingen läßt. Ein weiterer Komplettdurchlauf von ALL THINGS MUST PASS (3:47) wird weitgehend von George und Paul allein bestritten, erst gegen Ende übernimmt John mit wüstem Gepolter Ringos verwaiste Drums. Mitten in weiteren Teilproben fragt George, ob sie nicht jetzt was anderes spielen sollen, aber nein, meint Paul, also murksen sie relativ uninspiriert weiter. Ringo sitzt wieder am Schlagzeug, es folgt ein erneuter Komplettdurchlauf von ALL THINGS MUST PASS (3:31), außerdem allerlei fruchtlose Detailarbeit an einzelnen Passagen und Pauls Harmoniegesang und ein weiterer Lobgesang von George auf The Band, deren Mitglieder so schön kompakt harmonieren, wie er findet. Nach etlichen Teil- und abgebrochenen Versuchen spielen die Beatles sich noch einmal komplett durch ALL THINGS MUST PASS (3:29), alle vier legen sich ins Zeug, aber der allgemeine Überdruß ist schwer zu überhören, Paul gähnt sogar. „*I pass away* – ich vergehe", verkündet John in einer weiteren Kirchenpredigtparodie; es ist fünf Uhr, die lange Murkserei an dem trägen Song macht müde.

George weckt seine Kollegen mit einem kurzen E-Gitarrenschnörkel unbekannter Herkunft (0:07), spult dann das Intro zu BACK IN THE USSR (0:11) ab, und da kommt ihm eine Frage: „Wollen wir gar keine alten Stücke spielen in der Show? Würde ich nämlich gern." Paul: „Weiß nicht – vielleicht." George: „Auch aus verkaufstechnischer Perspektive wär's schlecht, nur neue Sachen zu spielen. Es müßte was da sein, womit wir identifiziert werden, außer uns selbst. Wär doch schön, könnten wir die

Show beginnen oder enden mit ..." John: „... alten Rock-Sachen und so was, wie Joe Cocker gemacht hat. Ich hab mich neulich an *Help!* versucht." Also veränderte Versionen alter Songs?

George fällt sofort ein gutes Stück für dieses Vorhaben ein, und er spielt mit Pauls gesanglicher Hilfe ein paar Takte EVERY LITTLE THING (0:24); viel scheint den beiden von diesem fünf Jahre alten Song aber nicht mehr erinnerlich. Textsicherer ist George bei dem nächsten Stück, das er anspielt, PIECE OF MY HEART (0:34) aus dem aktuellen Janis-Joplin-Album. John fällt unterdes etwas anderes ein: „Wenn wir weit genug mit der Arbeit hier sind, sollten wir unsere Homogenität gleich nutzen, um das Album zu machen." Ein neues Album? „Ja. Wo wir gerade zusammen sind – und wenn wir dann auseinandergehen ..." Es klingt ein bißchen so, als spreche John vom Ende der Gruppe. Paul kontert das mit dem Hinweis, sie müßten jetzt ihre gemeinsame „Karriere organisieren", einer Anspielung auf ihre Zukunft als Gruppe, aber da klinkt John sich aus dem Gespräch aus und nudelt auf seiner Orgel ein paar Takte aus SABRE DANCE (0:13), dem Säbeltanz von Aram Khatchaturian, der in der irrwitzigen Rockversion der Band Love Sculpture gerade in den Charts ist. Paul beschwört eine Gruppenzukunft, die durch die jetzigen Sessions beflügelt wird: „Der Grundgedanke ist doch, daß wir an einen Punkt kommen, wo es uns Spaß macht, oder wieder Spaß macht. Was würdet ihr dann gern als nächstes machen? Live auftreten, Jungs?" George verpaßt dieser Hoffnung einen Dämpfer, indem er wortreich betont, wieviel Arbeit das alles sei, und eigentlich wolle er nicht so schwer arbeiten: „Immer muß man rauf und runter und die Gitarre nehmen und wieder wegtun, und weißt du, man muß auch die Gitarre spielen, wenn man's gerade gar nicht will. Um an den schönen Teil ranzukommen, müssen wir erst diesen Scheißteil auf uns nehmen beim Geschäftstreffen, bis wir wieder zusammenkommen." Paul fällt als Antwort nur ein: „Weißt du, ich seh das wohl, aber wir müssen einfach dran arbeiten." Während George nochmals PIECE OF MY HEART (0:14) spielt, ordert Paul was zu trinken. George gibt dem Assistenten Kevin Harrington Anweisung, ihm eine andere Gitarre zu bringen.

Paul improvisiert einen Song mit der einzigen, stetig wiederholten Textzeile „Over and over again" (1:22), bei dem die anderen drei mittun, auch wenn sie sich gleichzeitig weiter unterhalten. Was sollen sie als nächstes spielen? John hat nichts zu bieten – „Es sei denn, ihr wollt *The Road to Marrakesh* machen", aber das will er eigentlich selbst nicht. Alle jammern sie herum, daß sie eigentlich nur langsame Nummern auf Lager haben, die nicht zu ihrem Vorhaben passen. George: „Was sollen wir also machen –

was anderes?" Paul: „*One After 909.*" John: „Das können wir schon, oder?" George: „Aber wir müssen Routine kriegen." Paul stimmt zu, aber John will nicht, da verfängt es auch nicht, daß George kurz ein paar Akkorde von ONE AFTER 909 (0:18) anspielt und den Ablauf aufsagt.

Alle scheinen müde; John meint, er hätte gern was Flottes. George erklärt Paul den Unterschied zwischen sich und Eric Clapton: „Ich bin nur einer von mehreren Gitarristen, manchmal spiele ich und manchmal singe ich, so wie du manchmal singst und manchmal Baß spielst, aber Eric spielt die ganze Zeit alleine Gitarre, als Lead-Gitarrist, darum ist er derjenige, der's im Griff hat. Ich weiß jetzt, ich kann Sachen spielen und Sachen lernen, die okay klingen, aber ich kann sie nie dauerhaft in Gang halten, außer ich tu mich mit den Big Three zusammen." John: „Es ist einfach eine Frage des Erlernens von Solospiel." George: „Ja, aber es ist mehr als das. Es ist das dauerhafte In-Gang-Halten von etwas über eine lange Zeit. Damit kriegt er das Publikum auf seine Seite." George beschäftigen also die Probleme des Live-Auftritts, und er erkennt, daß er nicht improvisieren kann. Als das Gespräch sich dem Jazz zuwendet, gibt George zu, daß er diesen auf Improvisation beruhenden Musikstil nicht mag – und Paul auch nicht. George spielt mit Johns und Pauls Unterstützung kurz ein Stück an, das nun wirklich kein Jazz ist, nämlich I'VE BEEN GOOD TO YOU (1:30) von den Miracles.

Und dann proben die Beatles – trotz all des Geredes um Oldies, Rock'n'Roll und flotte Stücke – doch weiter Georges neues Stück. Der erste Versuch, es durchzuspielen, mißlingt, und Paul fängt an, diverse Verbesserungen vorzuschlagen, aber George will das nicht, sondern einfach nur Sicherheit gewinnen: „Je besser man's kennt, desto besser kann man auch die Lücken füllen." Eine fast komplette Version von ALL THINGS MUST PASS (2:30) kriegen sie hin. George schreckt ein bißchen davor zurück, die Perfektionierung zu übertreiben, aber mit Pauls Hilfe wird noch ein Weilchen an Gesangsparts und unklaren Stellen herumgefeilt. George singt eine nicht ernstgemeinte Textvariante, in der seine „macrobiotic pills" vorkommen, und John macht ein paar halbgare Vorschläge für Soundeffekte. Paul: „Wollen wir's nochmals versuchen?" John: „Versuchen wir's einmal noch." Einmal also noch ALL THINGS MUST PASS (2:08+), dann ist auch Georges Lied darüber, daß alles vergehen muß, für heute vergangen.

Es ist 17:45 – Zeit für den Feierabend? Nein; jetzt hat Paul noch ein Liedchen zu bieten, jenen etwas albernen, nach Kinderlied klingenden Song namens MAXWELL'S SILVER HAMMER, den er am Morgen schon kurz Ringo vorgespielt hat, der jetzt aber zum ersten Mal von allen vier Beatles in Angriff genommen wird. Filmbilder vom ersten Versuch finden später im Film *Let It Be* Verwendung, allerdings kombiniert mit einer späteren Probe vom 7. Januar, weswegen man beim Betrachten des Films glauben muß, die Beatles hätten sich mitten im Stück umgezogen und die Instrumente gewechselt. Bei den ersten Proben jetzt am 3. Januar spielt Paul Baß, und John sitzt am Klavier. Etwa eine halbe Stunde wird an dem Stück gearbeitet, meistens anhand von Teildurchläufen oder Feilereien an einzelnen Passagen (wie immer hat Paul sehr genaue Vorstellungen, wie alles zu laufen hat, und gibt beispielsweise Ringo präzise Anweisungen für sein Spiel). George, der überraschend viel Freude an dem Song hat und fröhlich mitsingt, macht den Vorschlag, Paul solle doch ihm den Baß überlassen und sich ans Klavier setzen, um das Stück besser im Griff zu haben; Paul stimmt zu, und George läßt sich von den Hilfstruppen seinen Baß bringen (mit Pauls Instrument, das für einen Linkshänder besaitet ist, kann er naturgemäß nicht viel anfangen). John, der jetzt den Gitarrenpart übernimmt, bringt allerdings nichts zustande, was wirklich zum Stück paßt. Zwischendurch singt Paul einen Teil des Stücks einmal in erheblich schnellerem Tempo, aber das ist kein Versuch, etwas auszuprobieren, sondern dient (ebenso wie ein paar Fragmente im Walzertakt, die George am Baß initiiert) nur der Auflockerung. Ein einziges Mal schaffen die Beatles mit Mühe einen Komplettdurchlauf von MAXWELL'S SILVER HAMMER (2:26), dann zerfällt die Probe wieder zu vergeblichen Anläufen und Teilmurksereien. George fragt Paul nach dem kompletten Text, aber der ist noch nicht fertig. Am Ende zerbröckelt die Probe vollends, Paul pfeift nur noch die Melodie vor sich hin, und George übt minutenlang allein (und wieder mit Einsprengseln im Walzertakt) seinen Baßpart.

Die Luft ist definitiv raus, nicht nur aus der Probe von Pauls auf Dauer recht penetrant wirkendem Song, sondern aus dem Tag überhaupt. Ringo verabschiedet sich: „Nacht, alle zusammen!" Dann gehen auch Paul und John, dem George noch nachruft, er solle sich die von ihm produzierte Jackie-Lomax-Scheibe anhören – George möchte einen Tip haben, welche Songabfolge die beste sei. Und dann ist, obwohl George mit Glyn Johns noch weiter über Achtspurgeräte diskutiert, Feierabend und Wochenende.

Das Fazit dieses zweiten Probentags fällt durchwachsen aus. Die Beatles haben Spaß gehabt, allerdings vor allem beim Schwelgen in alten Nummern, meist Fremdkompositionen, die sie aber nicht mehr wirklich beherrschen; von der Fähigkeit ihrer frühen Live-Jahre, ein großes Repertoire an Songs nach Belieben aus dem Ärmel zu schütteln, sind sie Welten entfernt. Das einzige Stück aus der eigenen Frühgeschichte, das sie noch hinkriegen, ist ausgerechnet das unveröffentlichte *One After 909*. Johns *Don't Let Me Down*, das am Vortag noch recht problematisch klang, können die Beatles nun auf vorzeigbares Niveau bringen, doch mit *Two Of Us* und *I've Got A Feeling* kommen sie nicht wirklich weiter. *Maxwell's Silver Hammer*, Pauls drittes Angebot, ist vielleicht ein Opfer der Ermüdung geworden, die die allzu mühselige und zähe Probenarbeit an Georges *All Things Must Pass* erzeugte, einem Song, der mit seiner feierlich-depressiven Stimmung nicht gerade so klingt, als sei er für das beabsichtigte Konzert sonderlich geeignet – und eigentlich klingt der Song auch gar nicht nach den Beatles, ebensowenig wie die Klavieretüden, mit denen Paul sich den Morgen vertrieben hat. Gerade die besten Teile des Songmaterials, mit dem die Beatles sich an diesem Tag beschäftigen, können ihr Potential nicht richtig entfalten, weil es eher Solosongs sind als Ensemblestücke. Johns Andeutungen über eine Karriere nach den Beatles und Pauls und Ringos Versuche, George zu Soloauftritten zu ermutigen, gehen eigentlich in die selbe Richtung. In diesem Sinne arbeitet der Tag zumindest untergründig gegen den Gruppengedanken.

Komplikationen

Montag, 6. Januar 1969, Filmstudio Twickenham

Wiederum ist es Paul, der als erster Beatle am Probenort ist. Kurz vor halb elf unterhält er sich mit Michael Lindsay-Hogg und Glyn Johns über das Abschiedskonzert von Cream, dem am Vorabend eine Sendung der BBC gewidmet war, und über Barry Ryans Hitsingle *Eloise*, die ihm gefällt, seinen Gesprächspartnern aber nicht. Paul spielt am Klavier OH! DARLING (1:33) und singt sich durch den Text des offenbar schon fertigen Songs (einige Sekunden dieser Probe sind später im Film *Let It Be* zu sehen). Paul überlegt, ob dies ein Stück für die Bandproben sein könnte, aber Lindsay-Hogg will lieber mehr über das letzte Stück vom Freitag wissen, *Maxwell's Silver Hammer*. Paul meint, das sei ein bißchen wie die satirisch-parodistischen Lieder von Tom Lehrer, bringt dann das Gespräch auf *One After 909*, ein Stück, von dem alle gleich zu schwärmen anfangen. Paul: „Das war toll. Ich hatte an das nämlich gar nicht mehr gedacht, weil's eines der ersten Stücke war, die wir geschrieben haben." Er schwelgt in alten Zeiten, erzählt davon, wie John und er sich nach der Schule getroffen und Songs geschrieben haben – unzählige Songs, die sie nie ganz für voll genommen haben, weil sie nicht richtig fertig wurden oder alberne Texte hatten (Paul singt ein paar Beispiele).

Lindsay-Hogg will wissen, ob die Beatles noch viele unveröffentlichte Aufnahmen liegen haben. Paul: „Decca hat noch ein paar Sachen." (Er meint das Vorspiel der Beatles Anfang 1962, bei dem Decca es ablehnte, sie unter Vertrag zu nehmen, weil „Gitarrenbands auf dem absteigenden Ast" seien.) Es gebe außerdem noch eine Live-Aufnahme aus dem Hollywood Bowl. Gerade hat Paul sich wieder *Sgt. Pepper* angehört, und als er gefragt wird, ob die Platte ihm noch gefalle, bejaht er und schwärmt von den Geräuschen des Live-Publikums am Anfang – wobei ihm das derzeitige Vorhaben einfällt: „Das hab ich mir bisher nicht als Vorbereitung einer Platte vorgestellt. Als ich mir *Sgt. Pepper* anhörte, kam mir wieder in den Sinn, wie es ist, ein Live-Konzert zu spielen, auch wenn's da nur eine künstliche Live-Atmosphäre ist. Da lacht dann vielleicht plötzlich irgendwer, und man weiß nicht warum." Mit Glyn Johns diskutiert er die nötige technische Ausrüstung. Paul gefallen Verstärker, mit denen man einen leichten Verzerrungseffekt erhält, er erwähnt Jimi Hendrix und The Who.

Der verschlafene Ringo taucht auf. Paul mit Nachdruck: „*Guten* Morgen?" Ringo: „Ich will nicht lügen – mir geht's nicht übertrieben gut!" Lindsay-Hogg fragt, ob eigentlich beim ständigen Spielen mit großer Lautstärke das Gehör leide. Ringo: „Man gewöhnt sich dran. Ärgerlich ist es, wenn man Kopfhörer auf hat, und irgendwer dreht am falschen Knopf." Paul fällt ein, daß man mit gezieltem Feedback-Einsatz jemanden abstrafen und foltern könne.

John trifft ein (natürlich mit Yoko) und trällert kurz einen Frankie-Valli-Song, in den Paul einstimmt: C'MON MARIANNE (0:28). Lindsay-Hogg fragt, ob die Royal Albert Hall nicht ein guter Ort für ihren Live-Auftritt wäre, aber Paul hat offenbar keine Lust auf das Thema und lästert lieber wieder über die Cream-Sendung im Fernsehen, deren zerhackende Schnitt-Technik ihm ebenso mißfallen hat wie die allzu albernen begleitenden Interviews.

Als letzter Beatle erscheint George auf der Bildfläche und erzählt ausgiebig von seinen Schlafstörungen und den Problemen beim Versuch, Paul anzurufen, um ihn zu wecken. Derweil wird gefrühstückt. Gelangweilt singen George und Paul die Titelzeile aus I'VE GOT A FEELING (0:14). George: „Also – was ist das hier?" Ringo: „Die Ruhephase." Paul: „Das sind einfach wir gegen den Morgen. Das hier ist Kaffee." Lindsay-Hogg fängt wieder von der Cream-Sendung an, die George allerdings gefallen hat.

George und Paul singen noch ein bißchen I'VE GOT A FEELING (0:07), und George sagt, er habe am Wochenende einen Gospelsong geschrieben. John: „Anrufung welches Heiligen?" George: „Anrufung des Herrn. *Hear Me Lord*. Ich rufe dich an." Alle gackern. Lindsay-Hogg fragt nochmals nach dem geplanten Live-Auftritt. George: „Ich denk, wir vergessen die Idee mit dem Auftritt komplett." Noch mehr Gegacker, jetzt etwas verkniffen. Paul: „Okay." John: „Bin an deiner Seite." Paul: „Zurück in die Schule." Sie gehen zu ihren Instrumenten, und George singt beim Stimmen seiner Akustikgitarre eine Zeile aus Jerry Lee Lewis' HIGH SCHOOL CONFIDENTIAL (0:10), spielt dann ein bißchen I'VE GOT A FEELING (0:50), wobei ihm vom Text kaum mehr als „oh yeah" einfällt. Als nächstes probiert er zwei Passagen aus seinem neuen Gospelsong, HEAR ME LORD (0:22 / 0:33), während die anderen weiterquatschen. George: „Das ist schon wieder nur so'n komischer Tag." Paul möchte mit der Probenarbeit anfangen, aber da das mäandernde Gespräch (hauptsächlich über Fragen des technischen Equipments) noch weiterläuft, spielt George (zunächst akustisch, dann elektrifiziert) eine weitere Neukomposition, diesmal einen Blues: FOR YOU BLUE (0:43 / 1:00); beim zweiten Versuch singt Paul einen improvisierten Text dazu – dies ist endlich ein neuer Harrison-Song, der ensemblefähig ist.

Paul zupft ein bißchen am Baß herum, setzt sich dann an die Orgel und stimmt einen neuen Song an, bei dem er die Kollegen zum Mittun auffordert: CARRY THAT WEIGHT (1:31). Das Stück hat eine Middle-Eight mit noch unfertigem Text, die später wieder aufgegeben werden wird. George klinkt sich aus, um mit John über dessen fiktionales *1969 Diary* zu sprechen (auch Yoko wird dabei sehr gesprächig); Ringo hat sich unterdessen ans Klavier gesetzt und stimmt eine neue Eigenkomposition an, OCTOPUS'S GARDEN (0:37), deren Text bisher nur eine Strophe hat; Paul spielt dazu Orgel, geht aber am Ende wieder in CARRY THAT WEIGHT (0:20) über. Ringo erzählt, auf seinen Song sei er durch ein Gespräch mit einem Bootskapitän auf Sardinien gekommen – aber Paul interessiert sich mehr für sein eigenes Stück und probiert, unterstützt vom mitsingenden Ringo, noch ein Weilchen an CARRY THAT WEIGHT (1:31) herum.

Und noch ein neues, diesmal komplett instrumentales Stück hat Paul in petto, das er nun in einer langen Improvisation an der Orgel auswalzt: THE CASTLE OF THE KING OF THE BIRDS (13:05), ein Stück, das er Jahre später für den Soundtrack des Zeichentrickfilms *Rupert the Bear* verwenden wird. Ringo am Schlagzeug und dann auch John und George an den Gitarren machen nach einiger Zeit mit, und es wird eine veritable (wenn auch zeitweise mangels Variation etwas stumpfsinnige) Jam. Kaum ist sie beendet, initiiert Drummer Ringo eine neue Gruppenimprovisation (8:46+), getragen zunächst von Pauls Orgelriffs, dann von etwas penetranter und nicht sehr einfallsreicher Murkserei Johns und Georges an den Gitarren. Nach dem zähen Ende der Improvisation beginnt John, ein Lied zu spielen und zu singen, das die anderen bestens kennen, weswegen sie gleich mitspielen: ACROSS THE UNIVERSE (2:34). Von diesem Song existieren ein Demo aus dem März 1967 und mehrere komplette Takes aus dem Februar 1968, darunter eine fertig abgemischte ‚endgültige' Aufnahme; George will wissen, was aus der eigentlich geworden sei, doch John meint, sie könnten eine bessere hinkriegen. Der Versuch eben klang allerdings eher stümperisch; George zerstreut sich deshalb mit einer flotten Version von Dylans I WANT YOU (3:15), an der sich alle drei Kollegen beteiligen, die aber in jeder Hinsicht völlig daneben geht. George fängt an, von Dylans erstem Auftritt mit elektrischer Gitarre 1965 zu erzählen, kommt dann auf Blues-Gitarristen zu sprechen. Paul fällt auch einer ein: „Wie heißt noch derjenige, der schon seit Jahren hier zugange ist? Ein Blues-Sänger, ein

Amerikaner, der seit Jahren in Großbritannien tourt." Die Umstehenden nennen zahlreiche Namen, aber alle sind falsch, und endlich fällt's Paul ein: „John Lee Hooker!" Also improvisieren George und Paul (jetzt wieder am Baß) ein paar Bluesschnörkel (0:29), die ein bißchen nach Georges *For You Blue* klingen, aber ganz bestimmt nicht nach Hooker.

Aus dem Blues entwickelt sich eine kurze, riffbetonte Improvisation (1:05+), an der sich alle beteiligen, aber es klingt doch arg zäh. Aus der Lethargie reißt Paul die Kollegen mit einem flotten Baßrhythmus und einem sehr schnellen boogiehaften Stück, dessen Text sich weitgehend auf die Zeile „You wear your women out" (6:42) beschränkt; unklar ist, ob es sich um ein Songfragment oder um einen reinen Augenblickseinfall handelt. Kurz vor Schluß der gemeinsamen Improvisation perlt einer der Gitarristen ein paar Akkorde aus *I've Got A Feeling* hervor, und dieser Appell an den Gemeinschaftsgeist hat Erfolg – es folgt ein gemeinsamer Komplettdurchgang durch I'VE GOT A FEELING (4:08), der text- und struktursicher ausfällt, allerdings absolut schauderlich klingt. Paul leiert kurz die Parodie einer angeblichen Analyse des Stücks durch William Mann, den Musikkritiker der *Times*, herunter. In ernsthafter Probenstimmung scheint keiner der Beatles zu sein, also nudeln sie ein bißchen auf ihren Instrumenten herum, bis Paul mit einem zappeligen Baßriff anfängt, das alle vier Beatles veranlaßt, zu einem von Paul herausgequäkten ad-hoc-Text mit der Schlüsselformulierung „My imagination" (4:04) zu improvisieren. Spielweise und Stimmung sind aufgekratzt und auf Krawall gebürstet, von Wohlklang keine Spur.

Aus Instrumentestimmen und Saitengefummel baut sich gleich die nächste Gruppenimprovisation (5:53) auf, diesmal in langsamerem Rhythmus und nicht gar so schrill, aber immer noch eher schroff als relaxed. Die Beatles, hat es fast den Anschein, würden gern auch mal wie die gerade aufgelösten Cream klingen – und sie entwickeln gleich noch eine weitere Improvisation, nun mit einem um eine Spur schnelleren, auf Lässigkeit angelegten Rhythmus, über dem Paul recht unverständliche Zeilen um ein wiederholtes „I'm gonna pay for his ride" (3:43) singt. Das alles mit einem gekonnten Bluesschnörkel glücklich beendet, möchte zur Abwechslung mal John zur Probenarbeit zurückkehren und bringt sein einziges bisher dafür taugliches neues Stück ins Gespräch.

Also stimmen die Beatles nochmals ihre Instrumente und spielen dann einmal komplett durch DON'T LET ME DOWN (1:38+), das Stück, das am Freitag zuvor so schön kompakt klang, nun aber ziemlich zerfasert. Ein Versuch Johns, DON'T LET ME DOWN (0:56) vom Refrain her nochmals zu beginnen und improvisierte Varianten zuzugeben, wird zwar von Paul aufgenommen, zersplittert aber an den Mißklängen. John flüchtet sich in einen sofort von allen aufgenommenen Durchgang durch ONE AFTER 909 (2:49), deutlich langsamer als am Freitag und im Klang einigermaßen zäh – aller Schwung ist aus der Nummer raus. Aus Detailprökeleien von Paul am Baß und George an der Gitarre entsteht eine weitere Teilprobe von ONE AFTER 909 (1:40) im gleichen Tempo, die immerhin ein paar nette Ideen für Pedaleffekte von George abwirft. Über bluesige Phrasen von George improvisiert Paul passende Vokalkreischer mit der Schlüsselzeile „They call me fuzz face" (0:36), und damit haben sie sich in Stimmung gebracht für eine am Ende abbrechende Hardrock-Version von ONE AFTER 909 (1:36) – jetzt wollen sie nicht mehr wie Cream klingen, sondern offenbar wie die Rolling Stones. George will ein anderes Wah-Wah-Pedal haben, improvisiert dann diverse Riffs und einen flinken Teildurchlauf durch THAT'S ALL RIGHT (0:40) von Elvis Presley. Die harte Rock'n'Roll-Stimmung hat inzwischen auch John gepackt, der sich an Chuck Berrys THIRTY DAYS versucht (0:18), aber aufhört, als George beim Rumfummeln an seinem Verstärker quietschende Rückkopplungen auslöst. Als George schließlich den Wah-Wah-Klang hinbekommen hat, den er haben will, geht John auf seine Riffs ein, und das Spiel mit den Klangeffekten steigert sich zu einem kleinen improvisierten Gitarrenduett (1:56+).

Aber George hat mit seinen Wah-Wah-Effekten etwas anderes vor – er will den Song, den er am Wochenende schrieb, ausprobieren, und so kommt es zu zwei immer wieder abbrechenden Durchläufen durch HEAR ME LORD (3:03 / 2:20), anfangs von George allein, dann unter zaghafter Mitwirkung von John und Ringo. Zwischendurch fragt Paul George, ob er sich vorstellen könne, das angestrebte Konzert hier in Twickenham abzuhalten – George kann es sich zwar vorstellen, findet aber nicht viel Gefallen an der Akustik und schlägt als Alternative die Räumlichkeiten der EMI vor, was wiederum Paul nicht sonderlich gefällt, der lieber eine Umgebung hätte, die ihnen schon vertraut ist. Also verfällt er doch wieder auf Twickenham (er meint, hier gebe es ein kleines Studio mit einer Atmosphäre wie seinerzeit im Cavern) und will von George Martin und Glyn Johns wissen, ob man hier das nötige Aufnahme-Equipment installieren könne. Könne man, meinen die Experten und fangen an, die Details zu diskutieren. Eine zu große Nähe zwischen den Beatles und ihrem Publikum, wie sie Paul vorschwebt, schreckt George allerdings ab; George Martins Vorschlag, hier könne Stacheldraht eine Hilfe sein, ist zum Glück nur ein Witz. Vielleicht kann man das Publikum erhöht plazieren – Ringo erkennt gleich, daß das schöne Effekte für die Kameras ergäbe. Paul: „Wir könnten das Publikum rundherum haben wie in so einem Gladiatorending, erst herrscht Leere in der Mitte, und dann kommen wir mit Löwen und den Gitarren rein." Bei diesen Spinnereien fällt allen etwas ein, nur John schweigt lange, und als er gefragt wird, spielt er ein Rock'n'Roll-Riff (0:25) auf der Gitarre und singt dazu seinen Kommentar – ein intimes Setting finde er aus Gründen der Akustik besser als eine große Halle.

Wenn John mit der Gitarre zur Diskussion beitragen kann, dann kann George sich mit der Gitarre aus der Diskussion ausklinken – er vergnügt sich, indem er wieder einige Takte HEAR ME LORD (0:15) spielt. Er und John dudeln ein paar Improvisationen auf ihren Gitarren (vielleicht haben sie beide die Nase voll von der Diskussion). Da die anderen immer noch weiterquasseln, geht George dazwischen und fragt Paul, ob er denn auch einen bestimmten alten Music-Hall-Song singen wolle – zur Antwort stimmt Paul ihn gleich an, und zwar mit Schmackes: LEANING ON A LAMP POST (1:31). George und John geben ihm Rückendeckung an den Gitarren; jetzt ist wieder Musik angesagt, und John singt kurz ein eigenes Stück im Music-Hall-Stil, ANNIE (0:26), nicht ohne zu erwähnen, es sei für Ringo. Da will George nicht zurückstehen und stimmt (unterstützt von John an einer zweiten Gitarre) ein Lied auf eine „Maureen" (2:08) an, von dem er behauptet, es stamme von Bob Dylan – äußerst unwahrscheinlich, aber Ringo gefällt's, denn seine Frau heißt Maureen. Es folgt Georges Soloversion von Chuck Berrys I'M TALKING ABOUT YOU (0:46), einem Song, den die Beatles 1963 bei einem ihrer BBC-Auftritte spielten. Jetzt ist er der Schlußstrich unter einem von viel *talking* und wenig Proben gekennzeichneten Vormittag; auf Pauls Betreiben ziehen sie zur (fruchtlosen) Suche nach geeigneten Räumlichkeiten für das Live-Konzert los, und dann ist Mittagspause.

Nach der Mittagspause geht das Quatschen erst einmal weiter; es geht um Ort und Rahmen des geplanten Live-Konzerts. Hauptkontrahenten der Diskussion sind Yoko Ono, die für etwas möglichst Ungewöhnliches plädiert, zum Beispiel ein „poetisches" Konzert ohne Publikum, und Michael Lindsay-Hogg, der auf ein möglichst ‚normales' Konzert dringt (alles andere würde wohl seinem Filmvorhaben zuwider laufen), auch wenn er dafür gern einen spektakulären Schauplatz hätte. Paul versucht, zwischen den beiden Standpunkten hindurchzulavieren und seine Gedanken zu sortieren: „Was ist der Nutzen eines Publikums? Der Nutzen eines Publikums kann sein: Die schiere Generosität, für sie zu spielen, weil man sie liebt. Oder Eintrittsgelder kassieren. Oder eine Reaktion zu bekommen zum

Wohle der Show. Aber das hieße doch, daß die Show allein nicht genug ist, daß wir vier nicht genug sind." Paul versucht, sich Yokos Standpunkt anzunähern, indem er ein ungewöhnliches Setting zumindest in Betracht zieht. George meint, Publikum könne Vor- wie Nachteile haben – mit den Nachteilen meint er ganz sicher das, was Yoko anspricht, nämlich das Klischee jugendlicher Fans, die kreischen und sich die Kleider vom Leibe reißen. Paul: „Wir wollen doch zwei Konzerte geben. Wir könnten den einen Abend vor leerer Stille spielen und den anderen vor besetzten Stühlen." Lindsay-Hogg bringt die Idee auf, irgendwo in idyllischer Umgebung am Meer zu spielen. Paul: „Aber das muß in England sein, weil – äh – wir beschlossen haben, nicht ins Ausland zu gehen." Und weiter: „Was Yoko sagte, ist richtig: Man kann nicht wieder das altbekannte Publikum haben – oder die altbekannte Szenerie. Wenn's das altbekannte Publikum wäre, und wir wären alle nackt, dann hätten wir eine neue Szenerie." Also nicht das Publikum, sondern die Beatles verändern? George hätte allerdings lieber ein nacktes Publikum, als selbst nackt spielen zu müssen – dennoch findet er: „Wichtig wäre, daß wir uns ein komplett neues Image schaffen. Wir könnten uns einfach ein Image überlegen, wie wir sein wollen. Wir könnten einfach eine Night-Club-Combo sein oder – irgendwas halt. Gedämpftes Licht und nur zehn Leute da." Paul hat eine ähnliche Idee: „Ein Ballsaal – wenn wir's einfach wie eine Tanzveranstaltung aufziehen würden. Wir spielen alle unsere Nummern und spielen's wie zum Tanz, ohne irgendwelche Ansagen, jetzt eine schnelle Nummer, dann eine langsame, und alle tanzen einfach. Kann schon sein, daß es eine Prügelei gibt, kann schon sein, daß die Dinge passieren, die bei Tanzveranstaltungen passieren." Das Problem, muß er zugeben, ist aber, daß sie halt die Beatles sind und keine beliebige Tanzcombo.

Aber sind sie denn noch die Beatles? Die Beatles sind vier; an der Diskussion beteiligen sich nur zwei von ihnen, von Ringo ist nichts zu hören und, was schlimmer ist, von John auch nicht – Yoko spricht für ihn, woraus sich für Paul das Problem ergibt, daß er diplomatisch reagieren muß, denn jeder Versuch, Yoko offen zu widersprechen, würde John, für den Yokos Wort inzwischen Gesetz geworden ist, den Beatles weiter entfremden. Was also tun?

Am besten zurück an die Arbeit – die Instrumente nehmen und spielen. Paul nimmt allerdings nicht sein eigenes Instrument, sondern setzt sich an Ringos Schlagzeug und entwickelt einen schleppenden Rhythmus, auf dem John und George, nachdem sie ihre Gitarren gestimmt haben, eine nicht übertrieben einfallsreiche Improvisation (5:16) aufbauen. Nach kurzer Pause wird relativ zusammenhanglos weitergejammt; zwischendurch gehen die Improvisationen auf Georges Initiative in eine von ihm gesungene Version des Smokey-Robinson-Songs TRACKS OF MY TEARS (2:22) über, dann wird weiter improvisiert, bis George seine Kollegen mitreißen kann zu einem Rock'n'Roll-Medley, bestehend aus recht beherzt gespielten Versionen von Larry Williams' DIZZY MISS LIZZY (3:00), Barrett Strongs MONEY (THAT'S WHAT YOU WANT) (2:44), Jerry Lee Lewis' FOOLS LIKE ME (3:38) sowie zwei Carl-Perkins-Nummern, SURE TO FALL (2:45) und RIGHT STRING, WRONG YO-YO (3:32); es sind alles Stücke, die die Beatles in ihren frühen Jahren im Repertoire hatten – was allerdings nicht heißt, daß sie die Songs (oder gar deren Texte) noch wirklich beherrschen.

Inzwischen ist es nach drei Uhr nachmittags, der Spaß beim Spielen alter Lieblinge scheint heute geringer als an den Tagen zuvor, und auch probentechnisch hat der Tag noch überhaupt nichts gebracht, vielleicht abgesehen von der Erkenntnis, daß beim vormittäglichen Versuch auch Johns meistversprechender neuer Song nicht mehr richtig laufen wollte. Folgerichtig wird jetzt anderthalb Stunden lang intensiv und ausschließlich an DON'T LET ME DOWN gearbeitet. Da die Grundstruktur des Stücks steht, werden einzelne Passagen gezielt durchgenommen und Varianten durchprobiert. Zunächst steht die Middle-Eight im Zentrum der Aufmerksamkeit, von der John fürchtet, sie könne eine Schwachstelle sein. Paul verfeinert seinen Baßpart und probiert diverse Falsettharmoniegesänge aus, teilweise auch mit neuen Textbrocken, da er (wie übrigens auch John selbst) findet, der bisherige Text sei ein bißchen kitschig; außerdem möchte er, daß auch George mitsingt. George hat ein anderes Anliegen, er möchte gern einen anderen Rhythmus ausprobieren.

Statt des Rhythmus wird nur das Tempo verändert, allerdings nicht ernsthaft, sondern nur zur Entspannung – John verlangsamt das Stück und kaspert mit einem gesprochenen und albern übersteigerten Textfragment herum („And don't you know it's pretty scary on the floor / I get my hard-on every morning about nine o'clock when I get my toast and my tea"), singt und spielt dann kurz in beschleunigtem Tempo, bevor er zu ernsthaftem Tun zurückkehrt. Ein Komplettdurchlauf von DON'T LET ME DOWN (3:33) klingt recht homogen, wenn man davon absieht, daß John seinen Gesangspart überzogen schroff gestaltet, was nicht so recht zum schmachtend-schnulzigen Harmoniegesang Pauls paßt. Außerdem fehlt noch ein schlüssiges Ende des Stücks. Ein zweiter Komplettdurchlauf von DON'T LET ME DOWN (3:22), der am Ende wieder zerbröselt, weist ein verändertes Klangbild auf, weil Ringo einen schnelleren Rhythmus trommelt und George eine markante Wah-Wah-Gitarre spielt; John mag aber keine Experimente von George, schmettert auch dessen Vorschlag ab, die Middle-Eight etwas heavier zu spielen. Auffällig ist, daß John bei der ganzen Detailfummelei auf jeden Vorschlag Pauls sofort eingeht, aber alles ignoriert, was von George kommt. Als George wieder einen veränderten, funky klingenden Rhythmus vorschlägt, macht Paul den Versuch kurz mit, aber ernsthaft drauf eingegangen wird nicht.

Die Detailarbeit – fast ausschließlich an den Gesangsparts und der Middle-Eight – geht ebenso end- wie fruchtlos weiter, die allgemeine Frustration nimmt zu. George scheint vor allem das ewige Herumgemache am Gesang leid zu sein: „Kitschig sind die Noten, die wir singen und spielen, und nicht so sehr der Text. Was der Text aussagt, spielt keine Rolle." Paul möchte nämlich den Text nachbessern, er beklagt, daß bestimmte Stellen zu kitschig sind, weil sie „zu hübsch" klingen. Und er ist genervt: „Wir sind zwar mit Verbesserungen zugange, aber wir kommen nicht wirklich weiter. Wir machen jetzt eine Stunde dran herum und sind wieder da, wo wir am Anfang waren. Wir müssen die Middle-Eight jetzt mal abhaken und weitergehen." Aber dann hat Paul selbst wieder neue (und wiederum fruchtlose) Vorschläge für den Gesang der Middle-Eight, so daß aus dem Weitergehen nichts wird – sie treten auf der Stelle. George findet (zu recht) den ganzen Harmoniegesang eher nachteilig; könnten sie sich ihre Versuche per Playback anhören (was immer noch nicht möglich ist, da die PA fehlt), würden sie's alle einsehen. John: „Wir haben festgestellt, daß die Middle-Eight die Schwachstelle ist – gut. Und wir haben an den Gesangsstimmen herumprobiert. Aber es ist immer noch der Rhythmus, an dem's hängt." Als George etwas dazu sagen will, klinkt John sich aus und singt ein paar Takte aus Little Richards SEND ME SOME LOVIN' (0:10). Am nächsten Versuch eines veränderten Gesangsarrangements beteiligt George sich gar nicht erst, und als der allgemeine Überdruß mit Händen zu greifen ist, versuchen die Beatles die fruchtlose Teilmurkserei mit einem Komplettdurchlauf von DON'T LET ME DOWN (3:14) abzuschließen, der – angesichts der vielen Probleme – erstaunlich sicher und überzeugend ausfällt. Aber jetzt hat ausgerechnet George noch einen Vorschlag für die Middle-Eight, der kurz ausprobiert und dann auf Pauls Geheiß in einem letzten, wiederum sehr kompakten Durchgang durch DON'T LET ME DOWN (3:32) umgesetzt wird, bei dem die allzu schmalzigen Gesangsideen Pauls zugunsten eines schlichteren Harmoniegesangs im Duett mit George entfallen. Die Richtung stimmt – die Arbeitsstimmung aber nicht, Abwechslung tut not.

Paul schlägt einen Song vor, der für einen musikalischen (und vielleicht ja auch arbeitstechnischen) Stimmungswechsel gut ist, und so wird ab jetzt – es ist ungefähr 16:40 – etwa eine Stunde lang nur an TWO OF US gearbeitet. Erschwert wird diese Arbeit zunächst dadurch, daß John in seinem ausgedruckten „Plan" erst den Text finden muß und sich nicht einmal mehr erinnern kann, welchen Part er an welcher Stelle des Songs zu singen hat. Mehrere Versuche, das Stück zunächst komplett durchzuspielen, brechen ab, weil John desorientiert ist oder Paul auffällt, daß das Tempo verschleppt wird, der Rhythmus nicht hinhaut oder das Zusammenspiel mangelhaft ist.

Ganz offensichtlich möchte Paul nicht in die selbe Falle laufen wie zuvor bei den fruchtlosen Detailmurksereien an *Don't Let Me Down*: „Laßt es uns erst einmal so spielen, daß wir's auf simple Weise beherrschen. Und danach können wir Sachen hinzutun." George allerdings, den allzu simple Gitarrenarbeit offenbar langweilt, ist anderer Meinung, er möchte Riffs ausarbeiten. Paul: „Aber wenn wir dauernd dafür stoppen, spielen wir nicht richtig zusammen. Das ist jetzt zu kompliziert. Schau mal, wir können's schlichter spielen – und dann anschließend verkomplizieren, wo es was Kompliziertes braucht." George widerspricht: „Es ist jetzt gar nicht kompliziert, ich spiele einfach, wie's passend ist." Paul: „Ich versuch doch einfach nur, dir zu helfen. Aber am Ende ist es immer so, daß ich dich verärgere." George: „Du verärgerst mich nicht." Paul: „Dann mach es halt." George und Paul sind drauf und dran, in offenen Streit auszubrechen, doch George bremst sich: „Auf Film kann ich das nicht, vor laufender Kamera." Der innerlich erregte Paul ist aber noch nicht fertig, er kann sich nicht zurückhalten: „Wir sind uns doch wohl alle einig, daß es im Moment alles durcheinander ist, und wir sollten dieses Durcheinander erst einmal beseitigen. Und dann können wir anfangen, es komplexer zu gestalten. Wir haben nur noch zwölf Tage." Also versuchen sie, zunächst eine möglichst schlichte Fassung ihres Songs zu spielen, damit der nicht sofort zusammenbricht – aber das tut er auch so, denn für John ist schon das jetzige Riff zu kompliziert.

Paul schlägt George einen Kompromiß vor – er solle ruhig schon beim Solo improvisieren, aber nicht während des Gesangsparts, damit Paul und John nicht verwirrt werden. Paul erinnert George an eine ähnliche Meinungsverschiedenheit bei der Aufnahme von *Hey Jude* Ende Juli 1968 – ein Vorfall, den George nicht wieder aufwärmen möchte, deshalb erklärt er jetzt kategorisch: „Mir ist es jetzt egal – ich spiel alles, wovon du willst, daß ich's spiele; oder ich spiel auch gar nicht, wenn du's nicht willst. Egal, womit ich dich zufriedenstellen kann, ich werd's tun." Aber das fuchst Paul noch mehr: „Mach sowas nicht – wir müssen das wirklich klären. Wir sind hier am Proben, und wir versuchen, etwas für die TV-Show auf die Beine zu kriegen, drum sollten wir es langsam mal mit System angehen." Leider verfolgen sie aber unterschiedliche Systeme – Paul will von einfachen Fassungen ausgehen und dann jedes Detail für sich nacharbeiten, George hingegen möchte von Anfang an alles ausprobieren, was ihm einfällt. Ein Kompromiß scheint unmöglich, und demgemäß lautet der einzig konstruktive Vorschlag, der Paul einfällt: „Laß uns eine anderen Song machen." George: „Wie wär's mit *Maxwell's Silver Hammer*?" Ausgerechnet jetzt erwacht John aus seinem Koma und meint, sie sollten erstmal bei *Two Of Us* bleiben. Paul kann kaum noch an sich halten – sie hätten damit schon viel zu viel Zeit verschwendet, meint er.

Also murksen sie an TWO OF US weiter – und John legt nach, indem er zu Paul sagt: „Du bist der Boß." Paul jammert, das sei er nun schon ein paar Jahre – zufrieden damit klingt er nicht, beschwert sich, daß alle nur mäkeln, aber außer ihm niemand die Initiative ergreift. Und Paul hat noch einen Vorschlag zur Demokratisierung: „Das Problem ist, daß jeder für seine eigenen Stücke verantwortlich sein sollte und darüber bestimmen, wo wer improvisiert." George ist das recht, aber John fürchtet, dieses Verfahren bedeute für ihn zuviel Mühsal. (Das Beispiel *Don't Let Me Down* hat ja schon gezeigt, daß John es vorzieht, seine halbgaren Sachen von Paul perfektionieren zu lassen.)

Paul tritt die Flucht nach vorn an, in die Arbeit, beginnt an einzelnen Passagen seines Songs herumzuprobieren. John wünscht eine Teepause, George zieht Bier vor. So dümpelt die Probe weiter vor sich hin. Irgendwer fängt an, das französische Volkslied FRERE JACQUES (0:41) zu murksen; George reagiert mit einem Dylan-Song, IT AIN'T ME BABE (0:22), bei dem Paul mitsingt, doch John unterbricht sie und will den Rhythmus von *Two Of Us* diskutieren. George findet, der Song sei zu heavy geworden – ob sie nicht mal eine countrymäßigere Version versuchen wollen? Paul, offenbar um Gutwetter bemüht, stimmt zu, und so spielen sie sich in einer leicht-füßigen, transparenter als zuvor klingenden Version zum ersten Mal an diesem Tag komplett durch TWO OF US (3:20). Paul ist sehr zufrieden mit dem „lustigen Rhythmus", versucht noch Veränderungen am Harmonie-gesang, dann folgen zwei weitere Komplettproben von TWO OF US (2:45 / 2:47), das deutliche Fortschritte zeigt – sie sind endlich auf dem richtigen Weg „back home".

Und bei besserer Stimmung. Paul gibt wieder ganz unbeschwert Anwei-sungen aus, um Detailverbesserungen zu probieren, und stößt sich nicht an den kleinen Schnörkeln, die George dem Stück beimischt. Eine der neuen

Phrasen, meint Paul, klinge ein bißchen wie ein bekanntes Lied, das er kurz anstimmt: WHEN THE SAINTS GO MARCHING IN (0:06). George weiß es besser und singt einen Schnipsel aus dem Lied, das Paul eigentlich meint: LOOP DE LOOP (0:07) von Johnny Thunder. Paul muß sich kratzen, er hat sich eine Pilzinfektion in der Leistenbeuge zugezogen – John und George empfehlen ihm belustigt, sich unten mal zu waschen. Sauberer hinkriegen möchte George im Moment aber nur das Ende von *Two Of Us*; auf seinen Vorschlag hin wird noch etwas dran gefeilt, dann fällt Paul ein Gitarrenriff ein, das John spielen soll, doch der kriegt es nicht hin und flüchtet sich in den Vorschlag, jetzt lieber *Across The Universe* zu proben.

Dummerweise hat niemand den Text des Songs parat. George nutzt die Situation und spielt rasch HEAR ME LORD (0:08) an, aber niemand geht drauf ein, und John funkt dazwischen, indem er trotz mangelnder Text-beherrschung ACROSS THE UNIVERSE (3:02) zu spielen beginnt. Die anderen machen zwar lahm mit, doch da Proben ohne Text wenig Sinn hat, bekommt George eine zweite Chance zu HEAR ME LORD (1:43), diesmal ansatzweise unterstützt von John, der dann jedoch abbricht und fragt: „Willst du nicht das ältere von dir machen? Das mit mir an der Orgel?" Paul: „Ich hatte das letzte Nacht in meinem Kopf." George: „Prima." Offenbar hat Paul von Verbesserungen am Arrangement des Stücks ge-träumt, die er sogleich vorschlägt, und so spielen die Beatles jetzt – kurz nach sechs Uhr – nach einigen Detailtests zweimal mehr oder weniger komplett durch ALL THINGS MUST PASS (3:36 / 3:28), beeinträchtigt allerdings durch diverse Fehler von John, der nicht im besten Zustand für konzentriertes Arbeiten ist und zur Lockerung einen raschen Galopp durch den Chris-Montez-Hit LET'S DANCE (0:54) initiiert. Paul will aber weiter an Georges Song arbeiten, und es folgen zwei fast komplette Durchgänge durch ALL THINGS MUST PASS (3:32 / 3:04+) und mehrere Versuche, gezielt den problematischen Schlußpart nachzupolieren.

Paul, sichtlich um Rücksichtnahme bemüht: „Willst du's nochmal ma-chen?" George: „Nicht wirklich." Paul: „Okay, dann zeig ich euch die Akkorde von 'nem anderen." Also versuchen sich die Beatles – nach Pauls Stop-and-Go-Demonstration – an einem ersten Durchgang durch dessen Neukomposition SHE CAME IN THROUGH THE BATHROOM WIN-DOW (2:48). Paul muß zugeben: „Auch das ist wieder ein langsamer Song" – also nicht der ersehnte Knaller für den Live-Auftritt. George spielt eine markante Wah-Wah-Begleitung, die Paul unter anderen Umständen viel-leicht bemängelt hätte, aber nun bemüht er sich, niemanden zu verprellen, auch nicht durch allzu ausgiebige Probenarbeit am eigenen Song – nach einigen wenigen Detailfeilereien und zwei weiteren Komplettdurchläufen von SHE CAME IN THROUGH THE BATHROOM WINDOW (2:47 / 1:40+) ist er offenbar mit dem Erreichten zufrieden, wünscht allen „Gute Nacht!" und verläßt unter Absingen der Titelzeile von CARRY THAT WEIGHT (0:09+) fast fluchtartig den Schauplatz. John und Ringo räumen ebenfalls schnell das Feld; als letzter verabschiedet sich George vom technischen Team: „Gutnacht alle, Gutnacht Mikrophon!" Ein langer Probentag ist zu Ende.

Es ist ein Probentag, dessen Fazit durch die Bank negativ ausfällt. Die Beatles sind offenbar vom Wochenende geschlaucht (Ringo gibt es offen zu) und vertun viel Zeit mit uninspiriertem Improvisationsgedudel und dem lahmen Aufwärmen einiger Oldies, die nicht einmal ansatzweise hinreichen, um den Geist alter Zeiten aufleben zu lassen. Brauchbare neue Songs sind nicht in Sicht (Georges ganz frisches *Hear Me Lord* ist wieder nicht wirklich das, was sie für ihr Konzertvorhaben brauchen, und auch Pauls *She Came In Through The Bathroom Window* ist kein Rocker). Die Arbeit an Johns *Don't Let Me Down* dreht sich im Kreis, diejenige an Georges *All Things Must Pass* leidet wie schon am Freitag am ungünstigen Zusammenwirken der lethargischen Stimmung, die der Song verströmt, mit der spätnachmittäglichen Erschöpfung der Beatles. Bei den Proben von *Two Of Us* gibt es zwar am Ende einen Fortschritt, doch erst, nachdem Paul und George ihrer unterschiedlichen Arbeitsstile wegen böse aneinandergerasselt sind, wobei eine alte Wunde neu aufbricht – schon auf kleinste Andeutungen reagieren die beiden empfindlich. Der Konflikt, der auch dadurch gespeist wird, daß George sich immer noch nicht als vollgültiger Partner ernstgenommen fühlt, wird zudem noch ein Nachspiel haben, denn einige aus dem Kontext gerissene Sequenzen des Wortwechsels erscheinen später im Film *Let It Be* und führen weithin zu dem Fehlschluß, Georges Ausstieg vier Tage später sei eine Folge seiner Behandlung durch Paul – da sich Filmbilder dem Gedächtnis stärker einbrennen als das eigene Erleben, wird sogar Paul das später glauben (so schafft filmische Fiktion tatsächlich Realität). Im Film *Let It Be* wird zudem eine aus ganz anderem Zusammenhang stammende Bemerkung Johns direkt hinter den Wortwechsel zwischen Paul und George geschnitten und erweckt den Eindruck, John habe die Partei von George ergriffen. Tatsächlich ergreift John überhaupt keine Partei, sondern benimmt sich gerade an diesem kniffligen Probentag wie weggetreten, hat weder neue Songs noch musikalische Ideen zu bieten, beherrscht die Texte der zu probenden Lieder nicht und auch kaum seine Instrumente, verfällt außerdem bei der entscheidenden Diskussion über das Ziel der laufenden

Proben in völliges Schweigen – und überläßt es Yoko, die Meinungen des John-Yoko-Zwillingspaars kundzutun. Der einzige Beatle, auf den an diesem Tag Verlaß ist, ist kurioserweise der offensichtlich verkaterte Ringo: Er spielt sein Schlagzeug, findet instinktiv zu allen Nummern sofort seinen Part, gibt keine Widerworte (allerdings mäkelt auch niemand an ihm herum) – und schweigt. Ringos Schweigen ist ein hilfreiches Schweigen, Johns Schweigen hingegen ein hilfloses – als Beatles-Boß hat John lange abgedankt, eine Tatsache, die niemand heftiger bedauert als Paul.

Scheidungsgedanken

Dienstag, 7. Januar 1969, Filmstudio Twickenham

Wieder ist Paul als erster am Probenort und nutzt die Zeit des Wartens auf die Kollegen dazu, am Klavier seine Vertrautheit mit neuen Kompositionen zu verbessern. Es sind keine Kompositionen, die auf den erstrebten Live-Auftritt zugeschnitten sind, sondern ruhige Balladen. Zunächst singt und spielt Paul sich durch das schon am Freitag geprobte THE LONG AND WINDING ROAD (4:52), dann durch ein Medley aus GOLDEN SLUMBERS und CARRY THAT WEIGHT (4:02), nochmals eine Passage aus THE LONG AND WINDING ROAD (1:40) und das rein instrumentale THE CASTLE OF THE KING OF THE BIRDS (1:06). Inzwischen sind Ringo und kurz darauf George eingetroffen, die wiederum über das Cream-Abschiedskonzert sprechen. George schwärmt für die Fertigkeiten des Cream-Drummers Ginger Baker. Ringo kann das natürlich nicht ganz unwidersprochen lassen und meint, im Prinzip spielten Baker und er gar nicht so unterschiedlich, nur halt auf unterschiedlichen Schlagzeugen – und er wechselt das Thema, erkundigt sich bei Glyn Johns, ob inzwischen das Aufnahme-Equipment einsatzbereit sei (das ist es nicht) oder George Martins Achtspurgerät zu Verfügung stehe (das tut es nicht).

Paul, der sich an dem Gespräch nicht beteiligt, ist inzwischen von einer Instrumentalimprovisation (0:16+) zu LADY MADONNA (2:30) übergegangen, spielt etwas, was wie ein Songfragment oder eine weitere Instrumentalimprovisation (0:46+) klingt, und improvisiert dann etwas richtungsloser vor sich hin. George hat inzwischen eine schon einmal gestellte Frage an das Filmteam: „Ihr nehmt auch unsere Gespräche auf?" Manchmal, so meint er, würden im Gespräch doch Ausdrücke fallen, die nicht stubenrein seien – aber die Filmleute beruhigen ihn, so etwas könne man rausschneiden oder geschickt durch etwas anderes überdecken. Ringo bekämpft seine Langeweile, indem er kurz das nun von Paul gespielte SHE CAME IN THROUGH THE BATHROOM WINDOW (1:18+) mitsingt; George gibt Anweisungen für den Fahrdienst, der Gerätschaften von Georges Haus ins Apple-Studio schaffen soll.

Während Paul, offenbar ebenfalls gelangweilt, seine nun ziemlich richtungslosen Klavierimprovisationen zunehmend unterbricht, kommt George im Gespräch mit Ringo auf den Maharishi zu sprechen und erinnert an das Bild, das die Beatles und ihre Frauen abgaben, als sie um den Guru herumsaßen und keine Ahnung hatten, worum es überhaupt ging: „Insbesondere Paul und Jane und Cyn – die glotzten nur zerquält. In ein Ohr rein, aus dem andern raus." George und Ringo gackern bei der Erinnerung an die Szene.

Paul gesellt sich zu ihnen, sie witzeln, daß eigentlich heute Ringo mit dem Zuspätkommen dran gewesen wäre, aber Ringo erklärt kategorisch: „Ich komme nie zu spät!" Paul bekämpft die Langeweile mit einer flotten Boogie-Improvisation (1:22) am Baß; George weist Mal Evans an, ihm seine „Posaune" zu bringen, damit er mitmachen kann. Paul improvisiert jetzt einen langsamen Blues, zu dem er einen ad-hoc-Text mit der Schlüsselzeile „Mr. Epstein said it was white gold" (0:57) singt, und fragt – darin unterstützt von George –, ob sie nicht bessere Mikros kriegen können. Die Filmleute witzeln, das sei eine gute Idee, dann könnten sie ihre Gespräche noch besser mitschneiden.

Grund genug, das ohnehin schleppende Gespräch zu beenden. Paul und George improvisieren einen schleppenden Blues, zu dem Paul sich wieder aus dem Stegreif einen Text einfallen läßt: „I'm a lowdown blues machine" (1:58+). Jetzt sind sie in (wenn auch träger) Spiellaune; Paul und George improvisieren ein schnelles Medley aus der Ray-Charles-Nummer WHAT'D I SAY, Pauls neuem CARRY THAT WEIGHT und dem Isley-Brothers-Hit SHOUT! (0:59). Als nächstes verfällt Paul auf ein Baßriff, zu dem er, als George an der Gitarre mitmacht, eine weitgehend textlose Vokalmelodie singt, offenbar einen Augenblickseinfall, denn diese Vokalmelodie hat zunächst Lücken, paßt außerdem nicht gleich in den Takt, und erst im dritten Anlauf wird sie richtig markant – dies ist der Augenblick, in dem aus einer Improvisation eine Frühfassung von GET BACK (1:55+) entsteht. Paul merkt sofort, daß er etwas gefunden hat, das er festhalten muß, drum will er dran weiterarbeiten. George fängt an, mit ihm über eine Schallplatte zu reden, die Paul ihm gegeben hat, aber Paul hört kaum zu, beginnt am Baß den Rhythmus seines neuen Einfalls zu zupfen, Ringo klatscht dazu, George spielt ein passendes Gitarrenriff, und daraus entwickelt sich eine Kompositionssession zu GET BACK (3:58), bei der sich aus dem bisher textlosen Vokalpart nun auch die ersten Textzeilen herauskristallisieren: „Get back, get back / Get back to where you once belonged." Die Floskel „get back" hat Paul vielleicht noch aus dem zuvor gespielten *Golden Slumbers* im Ohr, wo sie ebenfalls auftaucht, aber vor allem denkt er wohl an die Zeile „Get back to the place you should be" aus dem von George geschriebenen Jackie-Lomax-Song *Sour Milk Sea*, bei dessen Aufnahme Paul Baß gespielt hat.

George fängt an, über die Supremes zu sprechen, aber Paul will offenbar zu seiner Songidee zurück, er jammt also weiter GET BACK (3:57), unterstützt von George an der Gitarre und von Ringo, der die Titelformulierung mitsingt. Zusätzlich improvisiert Paul ein weiteres Textfragment: „Hmm hmm hmm hmm hmm thought she was a woman / But she was another man / All the girls around thought she has it coming / But she gets it while she can." Nach einer Verschnaufpause von nur wenigen Sekunden jammen die drei mit dem immer fetziger werdenden GET BACK (5:09+) weiter, Ringo sitzt jetzt am Schlagzeug, und Paul läßt sich weitere Textbruchstücke einfallen: „Ten years ago hmm hmm woman" und „Hmm hmm California grass." Zwischendurch schreit er „Jackie!" und singt einige Sekunden mit einer Stimme à la Jackie Lomax – aber das, was hier entsteht, ist etwas Neues, keineswegs nur eine Variation auf den Harrison-Lomax-Song; innerhalb von zehn Minuten sind aus dem Nichts heraus Sound, Melodie, Grundstruktur und erste Texteinfälle zu einer neuen McCartney-Nummer entstanden, die für den geplanten Live-Auftritt geradezu ideal ist.

Auf den produktivsten Abschnitt des Tages folgt der destruktivste. John ist endlich da, zeigt aber wenig Energien, und statt zu proben, wird ausführlich über das Konzertvorhaben und die Gruppenzukunft diskutiert. John: „Wenn uns kein Clou für das Live-Event einfällt, haben wir schlimmstenfalls immer noch eine Filmdokumentation über die Entstehung einer LP." George stellt düstere Überlegungen an: „Es hat den Anschein, seit Brian Epstein nicht mehr ist, ist es nicht mehr so wie früher." Paul: „Seitdem haben wir eine so negative Einstellung. Wir müssen uns jetzt überlegen, ob wir es ins Positive wenden sollen oder es jetzt hinschmeißen." George sieht das auch so und favorisiert die zweite Möglichkeit. John wiederum vermißt Anreize, und als Paul wissen will, was er meint, flüchtet er sich in Binsenweisheiten: „Alles, was wir tun – der springende Punkt ist Kommunikation. Eine Gelegenheit, zu lächeln; *All You Need Is Love*. Das ist der Anreiz." Paul versucht sich an einer Analyse der Situation nach Epsteins Tod: „Es ist niemand mehr da, der sagt: Macht es! Früher war so jemand da, und wir sagten: Vergiß es! Wir müssen uns jetzt aufraffen, aber so ist nun mal das Erwachsenwerden. Wir stehen auf eigenen Füßen. So ist es – Daddy ist nicht mehr da. Wir sind allein im Ferienlager. Entweder wir gehen nach Haus, oder wir machen's selber. Die Disziplin ist das, was uns fehlt. Wir haben tolle Sachen im Kopf – aber wir müssen's halt machen." Paul schwärmt davon, mit welcher Energie Jackie Lomax seine Studioarbeit durchziehe. George reagiert mit der Bemerkung „Dann such dir doch so einen" und einem Dylan-Zitat – er spielt und singt die Schlüsselzeile aus MY BACK PAGES (0:07): „I was so much older then / I'm younger than that now."

Paul erinnert daran, wie gut sie ihre Sache früher live gemacht haben. George: „Wenn das ‚machen‘ ist, dann will ich's nicht mehr machen." Paul: „Aber heute bist du erwachsen und mußt es nicht mehr so machen. Wir müssen uns nicht mehr verkleiden und schwitzen und die Köpfe schütteln. Heute kannst du Sachen machen wie – mit Yoko in einem schwarzen Sack auf der Bühne auftreten. Du kannst es heute auf diesem Niveau machen." Michael Lindsay-Hogg will wissen, wie sie denn überhaupt noch zur Idee eines Publikums stehen, dem sie gegenübertreten müssen. Paul gibt zu, er wäre ein bißchen schüchtern, aber: „Es ist so, wie Yoko gestern sagte – wir müssen nicht mehr versuchen, das Publikum wild zu machen. Wir müssen bloß das tun, was wir tun, aber mit der selben Disziplin, mit dem selben Verlangen, es zu tun." Und sie brauchen dafür gute Songs – aber George erklärt jetzt kategorisch: „Ich werde keinen von meinen Songs spielen in der Show – dieser shitty Live-Show. Da kommen sie dann wie ein Kompromiß rüber, während man sie im Studio hinkriegen kann, wie man sie sich wünscht." Diese Verweigerung macht Paul fuchsteufelswild: „Letztes Jahr hast du mir gesagt, du könnest alles machen, was du willst oder wonach es dich verlangt, bevor wir die Show beenden und abtreten. Wenn wir der Meinung sind, wir wollen diese Songs super hinkriegen, dann können wir's auch." Indirekt hat George die Katze aus dem Sack gelassen: er will eben nicht mehr; es verlangt ihn nicht mehr danach, für die Beatles etwas zu perfektionieren.

Lindsay-Hogg geht dazwischen und will Paul seine Idee ausreden, das Konzert hier in Twickenham abzuhalten; aber in diesem Punkt ist George mit Paul einig: „Woanders wär's genau wie hier, bloß daß es vielleicht ein netterer Ort wäre – aber dafür wär's komplizierter, die ganzen Mikros und Aufnahmegeräte und so zu verkabeln." Lindsay-Hogg wärmt wieder seine Idee mit dem arabischen Wüstenpublikum auf, weil er meint, zu überwindende Widerstände könnten der Anreiz sein, von dem John sprach. Wie wär's mit einem Konzert im Krankenhaus? Paul gefällt daran die Idee, den Auftritt mit einem Wohltätigkeitsaspekt zu verbinden, und er kommt dann drauf, daß man vielleicht auch ein politisches Statement anstreben könne. George erinnert sich an die Live-Übertragung von *All You Need Is Love*, die politisch gewesen sei, weil sie das Gefühl des ‚Sommers der Liebe‘ eingefangen habe. Paul versucht, das aktuelle Konzept mit dem damaligen zu vergleichen; George ist skeptisch, überlegt dann aber: „Laß uns doch eine politische Sendung draus machen." Paul zögernd: „Ich bin tendenziell dafür. Wißt ihr, wie alle müssen auch wir die richtige Idee vertreten." Während John, der sich an dem Gespräch nicht beteiligt und gelangweilt auf seiner

Gitarre herumnudelt, die Akkorde von I'VE GOT A FEELING (0:11) spielt, verneint Paul allerdings sein Interesse an offen parteipolitischen Sendungen. Trotzdem überlegt er: „Wenn man uns zum Spielen ins Parlamentsgebäude lassen würde – kann man das kriegen?" Kann man nicht, weiß Lindsay-Hogg aus Erfahrung. Paul: „Wir sollten das Konzert an einem Ort geben, wo wir's nicht dürfen. Wir sollten irgendwo unbefugt eindringen, loslegen und dann entfernt werden, und das müßte die Show sein – mit Gewalt rausgeworfen werden. Wir spielen unsere Nummern, und die Polizei geht dazwischen – *She Came In Through The Bathroom Window*!" Die Vorstellung belustigt alle, aber ernsthaft drauf eingehen mag niemand, zumal George sich an unangenehme Erfahrungen mit der Polizei in Memphis und in Texas erinnert – er spielt und singt, von Paul unterstützt, eine Version von Dylans STUCK INSIDE OF MOBILE WITH THE MEMPHIS BLUES AGAIN (0:51), die auf „Twickenham Blues" abgewandelt ist.

Und jetzt hat George eine Idee: „Wir können's wie Musikwünsche aus dem Publikum aufziehen. ‚Ich widme dieses Stück Harold Wilson, dem Papst. Und das jetzt ist für Enoch Powell.'" Paul fragt John: „Was meinst du?" Antwort: „Wozu?" John klimpert die ganze Zeit schon unmotiviert auf seiner Gitarre herum; George und Paul trällern kurz ohne Text etwas dazu, und dann findet John doch noch die Sprache wieder: er halte nichts von den ins Spiel gebrachten Konzertstätten, höchstens mit einer Irrenanstalt könne er sich anfreunden. Als George wieder einen seiner destruktiven Einwürfe zu formulieren beginnt, geht Paul mit einem neuen Vorschlag dazwischen: „Wir sollten Flugzeuge nach Biafra schicken, die ganzen Leute retten und dann am Flughafen spielen, wenn sie ankommen." Lindsay-Hogg will eine grandiose Idee kommerziell auszuschlachtender Nächstenliebe entwickeln, aber dazu fällt George der Spruch ein: „Jeder ist sich selbst der Nächste." Paul: „Also machen wir's in Georges Haus!" Alles lacht. Aus dem weiterhin fruchtlosen Gespräch über mögliche Konzertschauplätze klinkt George sich aus, um Dylans I SHALL BE RELEASED (1:26) zu singen und zu spielen, er ist damit bei seinem Lieblingsgesprächsgegenstand und beginnt, länglich von Dylan und The Band zu schwärmen, ein Thema, das er abschließt, indem er den Band-Song TO KINGDOM COME (0:58) anstimmt.

Paul hat unterdessen weiter laut über das Konzertvorhaben nachgedacht und ist zu dem Schluß gekommen, reine Unterhaltung sei als Zweck ihres Konzerts zu wenig, es müsse ein Statement gemacht werden – aber worüber? George wiederum findet Gefallen an der Vorstellung, nicht nur als „John, Paul, George and Richie" aufzutreten, sondern in einem Konzert mit noch anderen Leuten: „Soll doch der beste Mann gewinnen." Und damit klinkt er sich wieder aus dem Gespräch aus und spielt eine langsame und träge Version von FOR YOU BLUE (1:19+), unterstützt vom erwachten John, gibt dann seinen Kommentar zum Geschehen in Form eines Weisheitsspruches ab: „Hört nichts Böses, sagt nichts Böses, sieht nichts Böses" – meint er seine drei Mitbeatles, den optimistischen Paul, den stummen John und den arglosen Ringo? Paul faßt es wohl so auf, denn er stellt eine Grundsatzfrage: „Ich verstehe nicht, warum irgendeiner von euch überhaupt noch dabei ist. Das Geld kann's doch nicht sein – warum seid ihr dabei? Ich bin dabei, weil ich eine Show machen will, aber ich hab wirklich nicht das Gefühl, daß ich dabei viel Unterstützung bekomme. Ist irgendeiner von euch hier, um eine Show zu machen, oder bin ich allein?" Keiner der anderen Beatles antwortet, nur Lindsay-Hogg, der sich gern reden hört, philosophiert länglich drauflos.

John signalisiert sein Desinteresse, indem er über ein Riff zu jammen beginnt; George und Paul beteiligen sich an der Improvisation (3:16), führen das Gespräch übers Konzert- und Filmvorhaben aber weiter. George: „Es wäre schön, wenn wir einfach die Songs singen könnten – ohne Ansagen oder Danksagungen und derlei. Es wäre natürlich schön, wenn wir den Enthusiasmus einfangen könnten." Während George kurz ein Rock'n'Roll-Stück spielt, BO DIDDLEY (0:15), verliert Paul zusehends die Geduld: „Es gibt nur zwei Möglichkeiten – entweder wir machen die Show, oder wir machen sie nicht. Wir müssen uns entscheiden. Ich habe kein Interesse dran, hier meine Tage zu vertun. Ich will die Show machen, und wenn alle anderen sagen, sie wollen's auch, dann gut. Aber wenn wir die Show machen wollen, müssen wir dafür arbeiten." Er zählt die Tage und sieht die Zeit verrinnen, und er erinnert sich an ähnliche Probleme, die bei der Arbeit am Weißen Album im Vorjahr auftraten. George erinnert sich auch: „Der eine sagt, ich will das tun, der andere sagt, ich will das tun, und am Ende machen wir dann Sachen, die keiner wirklich will." Paul: „Wenn's diesmal wieder so läuft, sollte es definitiv das letzte Mal sein." George: „Ja, so sieht's aus." Also Schluß mit den Beatles? Paul erregt sich: „Das wäre saudämlich – aber andersrum wär's noch dämlicher: sich immer wieder hindurchzuquälen." George deutet an, einzeln für sich könnten die Beatles inzwischen kreativer sein als in der Gruppe. Paul: „Wenn wir dann doch zusammenkommen, reden wir nur über die Vergangenheit: ‚Wie toll war's doch noch, als wir rockten!' Aber wir können's doch – wir müssen's nur machen." Und er beklagt sich, daß die anderen ihm zusehends alle Entscheidungen und alle Arbeit überlassen. George hat sich inzwischen aus dem Gespräch verabschiedet und singt und spielt einige Takte des Cilla-Black-Hits WHAT THE WORLD NEEDS IS LOVE (0:07).

John hat sich dem ganzen Gespräch verweigert und Riffs auf der Gitarre gespielt, woraus sich unter Beteiligung Pauls und Ringos eine kurze Instrumentalimprovisation (0:22) ergibt. Aber jetzt hat George noch etwas zu sagen, und er bedient sich des für ihn typischen trockenen Sarkasmus: „Ich sitz immer noch auf zwanzig Songs von 1948, weil ich immer wußte, sobald ich sie mit ins Studio bringe, sind sie erledigt. Erst jetzt langsam kann ich mal was eigenes anschleppen." Er beklagt also, daß seine Songs nie die Aufmerksamkeit gefunden haben, die sie verdienen. Paul dazu: „Es ist doch nicht so schlimm, wenn was schiefläuft, solange wir vier es merken – dann können wir's in Ordnung bringen." George findet eine andere Konsequenz logischer: „Scheidung." Paul gibt zu: „Wir nähern uns dem Punkt." Dazu fällt endlich auch John etwas ein, allerdings nur ein Witz: „Wer kriegt die Kinder?" John will nicht quatschen, sondern spielen, drum dudelt er FIRST CALL (0:08), die Startankündigung beim Pferderennen.

Aber Paul ist noch nicht fertig: „Es wäre doch albern, jetzt alles platzen zu lassen. Das ist doch sinnlos. Damit wäre gar nichts erreicht. Der einzig gangbare Weg geht in die andere Richtung. Der Punkt ist, daß wir uns theoretisch alle einig sind – aber wir setzen es nicht um." Zu John: „Du setzt ein bißchen was um, mit Yoko. Aber es ist albern, deswegen herablassend mit uns zu reden. Dein Ausweg ist, überhaupt nicht zu reden, statt dich aus der Gruppe rauszureden, was das ist, was du tun mußt, wie du glaubst." John sagt immer noch nichts – höchste Zeit für die Arbeit.

Paul ruft dazu auf, *I've Got A Feeling* zu spielen, doch John spielt das Intro von SHE CAME IN THROUGH THE BATHROOM WINDOW (0:07), bricht ab, als alle gackern, und fragt: „Was war das? Wie geht es noch? Ach, *I've Got A Feeling* und nicht *Bathroom Window* – okay." Der nächste Versuch klappt, und während der nächsten halben Stunde wird an I'VE GOT A FEELING gearbeitet. Paul, George und Ringo sind konzentriert bei der Sache, John allerdings weniger. Es wird vornehmlich an einzelnen Passagen gefeilt, auch am Gesang und dem gemeinschaftlichen „Oh yeah", außerdem an Ringos Trommelpart, den Paul korrigiert. George hat allerlei Detailideen, auf die Paul aufmerksam eingeht. Einige Versuche, den Song durchzuspielen, brechen ab, aber am Ende sind alle mit dem letzten zweier überzeugender Komplettdurchläufe von I'VE GOT A FEELING (2:21+ / 2:10) sehr zufrieden, das Stück ist fertig.

Während Paul ans Klavier wechselt und sein Mikro neu verstöpselt wird, spielt George eine kurze Improvisation (0:19) mit ad-hoc-Text; Paul schlägt dann MAXWELL'S SILVER HAMMER (0:32) an, ein Stück, von dem er weiß, daß George Spaß dran hat. George wechselt zum Baß, beginnt zu zupfen, und alle vier Beatles improvisieren einen Boogie, zu dem Paul Textfragmente mit der Schlüsselzeile „Woman where you been so long" (2:24) singt. Eine weitere Gruppenimprovisation folgt, diesmal ein an den Stil von Little Richard erinnerndes Stück, zu dem Paul mit Falsettstimme einen Text über „Oh Julie, Julia" (2:15) improvisiert. Der Falsettgesang erinnert John an einen neuen Song Pauls, und er bittet ihn, den zu spielen – also folgt ein erster Gruppenversuch mit OH! DARLING (3:51), naturgemäß im Stop-and-Go-Verfahren gespielt, da außer Paul noch niemand mit dem Stück vertraut ist. George aber möchte das von Paul vorgeschlagene Stück proben, und während sich alle drauf vorbereiten, spielt Paul noch zur Fingerlockerung eine jazzig angehauchte Version von THE LONG AND WINDING ROAD (1:13).

Die nächste knappe halbe Stunde gehört der Probenarbeit an MAX-WELL'S SILVER HAMMER. Mehrere Versuche, das Stück komplett durchzuspielen, brechen ab, weil John und Ringo einen Walzertakt spielen, der Paul mißfällt, weil es Rückkopplungsprobleme gibt oder weil Unklarheiten über die Akkordfolge bestehen. Es folgen die üblichen Detailproben; Paul bittet Ringo um Änderungen am Drumpart, geht mit George dessen Baßspiel durch und fordert John zu einem Gitarrensolo auf, das aber grottenschlecht ausfällt. John zur Entschuldigung mit Comicstimme: „Ich kann nicht mehr spielen – hab die Fähigkeit auf dem Weg zum Studio verloren!" Auf Pauls Geheiß geben John und George eine perfekte Pfeifeinlage, aber Paul hätte doch lieber ein Gitarrensolo. Dann hat er die Idee, Mal Evans solle sich einen Amboß besorgen und als Soundeffekt mit dem Hammer draufschlagen – wie das klingen soll, deutet Paul bei einem Komplettdurchgang von MAXWELL'S SILVER HAMMER (2:08) mit einem gesungenen „kläng-kläng" an.

Die Probenarbeit an dem lustigen Liedchen hat alle Beatles in fröhliche Stimmung versetzt; Paul hält grimassierend die Garantiebestimmungen ihres neuen Fender-Verstärkers in die Kamera (das wird später im Film *Let It Be* zu sehen sein), John spielt mit Ringos Unterstützung kurz das patriotische RULE, BRITANNIA (0:20), dann eine flotte Improvisation (0:10), alle kaspern noch ein bißchen rum, verschwinden dann in die Mittagspause. Es ist gleich halb zwei.

Nach dem Essen wollen die Beatles weitermachen, wo sie aufgehört haben. Zum Warmwerden singt und klimpert Paul kurz NORWEGIAN WOOD (THIS BIRD HAS FLOWN) (0:32), und Ringo trommelt mit; es folgt ein Aufwärmdurchgang durch MAXWELL'S SILVER HAMMER (2:26), bei dem Ringo singt, dann eine nicht ernstgemeinte Teilprobe, bei der Paul und George im Music-Hall-Stil „du-du-du" intonieren. George spielt sich am Baß mit dem Jackie-Lomax-Stück SPEAK TO ME (1:21) warm, und Paul und Ringo machen sofort mit. Paul fällt WHEN I'M SIXTY-FOUR (0:32) ein, das er zunächst rezitiert, dann singt, und schließlich folgt eine Art Experiment: George spielt das Baßriff von SPEAK TO ME (1:10), und Paul intoniert dazu singend und auf dem Klavier WHEN I'M SIXTY FOUR. George kann von seinem Baßriff nicht genug bekommen, also spielt er nochmals SPEAK TO ME (1:47), jetzt wieder korrekt unterstützt von Paul und Ringo. Nächstes Aufwärmstück ist OH! DARLING (4:40), dargeboten von Paul, George und Ringo – und dann endlich ist John bereit und fügt recht stümperhafte Gitarrenriffs hinzu.

Endlich können die Proben von MAXWELL'S SILVER HAMMER weitergehen; sie beschäftigen die Beatles noch eine Dreiviertelstunde. Mal Evans hat jetzt Hammer und Amboß parat und geht beherzt zur Sache; Ausschnitte des von ihm mitgestalteten Komplettdurchlaufs von MAXWELL'S SILVER HAMMER (3:30) sind später im Film *Let It Be* zu sehen – zu sehen ist auch, daß Evans zwar viel Spaß, aber nicht unbedingt viel Timing mitbringt. Bemerkenswert an diesem Versuch ist etwas anderes: Paul, der bisher immer die Gemeinschaft der vier Beatles zu betonen versuchte, hat hier eine weitere Person in ihr Spiel gelassen.

Die Probe geht mit den üblichen Detailarbeiten und abgebrochenen Versuchen weiter. John ist nun plötzlich in Quassellaune und fängt an, mit Paul über Soli zu diskutieren, aber George probt unbeirrt weiter, entwickelt zudem etliche Ideen, wie sich das Stück verbessern oder präsentieren ließe, beispielsweise durch einen zwanzigköpfigen Chor. Am Ende folgt auf etliche Detailproben ein Komplettdurchlauf von MAXWELL'S SILVER HAMMER (3:28), bei dem Paul anstelle der dritten Strophe, die er noch schreiben muß, „da-da-nanana" singt – davon abgesehen klingt das Stück halbwegs komplett, und Paul meint, nun sei's genug. John schlägt vor, als nächstes *Across The Universe* zu proben.

Paul und George müssen ihre Instrumente wechseln, die Techniker außerdem die Mikros umstöpseln. John nutzt die Zeit, um kurz ein Rock'n'Roll-Riff (0:09) zu improvisieren und zwei Stücke aus dem frühen Beatles-Repertoire durchzuspielen, nämlich Arthur Alexanders A SHOT OF RHYTHM AND BLUES (1:59) und die Elvis-Nummer (YOU'RE SO SQUARE) BABY I DON'T CARE (0:46); dann ist alles bereit. John spielt das Intro, dann versuchen alle, einmal durch ACROSS THE UNIVERSE

(2:49) hindurchzukommen, was allerdings mißlingt, da niemand den Text parat hat. George schlägt einen weiteren Versuch vor, der jedoch abbricht. John fällt auf, daß die langsamen Nummern sie zu sehr runterziehen, und Paul stimmt ihm zu. Yoko, die sich die Zeit mit Zeitungslektüre vertreibt, schlägt einen von Johns Songs vor; John findet auch den zu langsam, stimmt ihn aber ganz kurz an: GIMME SOME TRUTH (0:03). George spielt eine Wah-Wah-Improvisation (0:40) über die Akkorde von *Across The Universe*, singt dazu, und als John wieder davon anfängt, wie sehr ihm die Aufnahme des Songs aus dem Februar 1968 mißfalle, widerspricht George: er finde sie gut.

Inzwischen hat jemand den Songtext besorgt. Die Proben können weitergehen, führen aber zunächst nur zu abgebrochenen Versuchen und weiteren Diskussionen zwischen John und George, dann zu einem recht lethargischen Komplettdurchlauf durch ACROSS THE UNIVERSE (3:40). Auf Johns Vorschlag probiert George eine Orgelbegleitung, die die von ihm auf der Originalaufnahme gespielte Tamboura ersetzen soll, aber dieser Versuch mißfällt John. George verzieht sich vergrätzt; John spielt beim Gitarrestimmen ein kleines Rock'n'Roll-Riff (0:16), probiert dann verschiedene Detailvarianten für ACROSS THE UNIVERSE durch – zunächst einen Heavy-Metal-Sound, dann eine verträumte Gitarrenbegleitung à la *Julia*. Die Probenarbeit hängt, die Atmosphäre wird immer schläfriger. Vielleicht als Weckruf spielt John, unterstützt von Paul und Ringo, ein wenig A CASE OF THE BLUES (0:36), aber das klingt auch nicht fetzig; Paul amüsiert sich mit einem ad-hoc-Einfall oder einem unbekannten Song mit der Textzeile „Cuddle up, baby" (0:06). John weiß gar nicht mehr, was er tun soll, singt kleine Textfetzen aus GIMME SOME TRUTH (0:09), ACROSS THE UNIVERSE (0:05), nochmals GIMME SOME TRUTH (0:55); Paul beteiligt sich nach Kräften, um John bei Laune zu halten, singt dann FROM ME TO YOU (0:06), aber John kann nur noch klagen: „Da sind zu viele Akkordwechsel drin, immer nacheinander." Daß immer noch kein PA-System da ist, mit dessen Hilfe sie abhören können, was sie spielen, ärgert ihn zudem, aber dann raffen die Beatles sich doch noch zu einem weiteren, diesmal kompletten Versuch mit ACROSS THE UNIVERSE (3:00) auf. Es klingt zäh, verkrampft. George, jetzt wieder an der Gitarre, will wissen, ob er versuchen soll, den Tamboura-Klang nachzuahmen; als er keine wirkliche Antwort bekommt, versucht er es auf eigene Faust mit Wah-Wah-Effekten fürs Intro. John will wissen: „George, warum machst du das so?" Ein weiterer Probenversuch scheitert jämmerlich; Paul ruft entnervt: „John, du mußt das unter Kontrolle bringen!"

Zur Antwort stimmt John ROCK AND ROLL MUSIC (1:58) an, ein Chuck-Berry-Stück, das alle Beatles noch bestens beherrschen, so daß sie jetzt wenigstens ein Erfolgserlebnis haben. George initiiert ein Stück, das die plötzlich belebte Stimmung halten kann: LUCILLE (1:15) von Little Richard. Paul will das mit Gene Vincents LOTTA LOVIN' (0:02) fortsetzen, aber John, offenbar masochistisch gestimmt, spielt schon wieder seine schläfrigen Akkorde, und so quälen die Beatles sich ein weiteres Mal uninspiriert durch ACROSS THE UNIVERSE (3:40) – ein Zusammenschnitt dieser Schauerveranstaltung mit Teilen des vorherigen Komplettdurchlaufs ist im Film *Let It Be* zu sehen.

Jetzt ist aber auch gut – John reißt seine Kollegen mit zu einer fetzigen Version von Carl Perkins' GONE, GONE, GONE (2:02) und versucht dann, den kleinen Energieschub zu nutzen, um sein bisher vernachlässigtes DIG A PONY (1:06) zu proben – dieser unvollständige Probelauf ist ebenfalls im Film *Let It Be* zu sehen, inklusive des gelangweilt gähnenden Paul. John selbst ist unzufrieden und fragt herum: „Hat irgendwer ein schnelles?" Paul hat die passende Antwort: „*One After 909*." Also spielen sie sich einmal durch das ebenso vertraute wie fetzige, also in jeder Hinsicht unproblematische ONE AFTER 909 (2:09+). Paul meint, sie hätten's im Griff, und stimuliert seine Kollegen zu einer äußerst engagierten Kurzversion von ONE AFTER 909 (1:14). Unter Johns Leitung folgt eine langsamere und trägere Version, und Paul, der wachsam auf alle Gefahren zu achten versucht, gibt die Parole aus: „Das ist schön schlicht – wir sollten's nicht über..." Aber George, der am zweiten Probentag noch davor warnte, sich den alten Fetzer durch Überdruß zu verderben, will jetzt noch eine Probe haben. Also gibt's – nach einem Energieausbruch in Form einer explosivkollektiven Kurzversion von Ray Charles' WHAT'D I SAY (0:21) – noch eine Komplettprobe von ONE AFTER 909 (2:49): energetisch, aber schon nicht mehr ganz so kompakt und zudem dadurch versehrt, daß John sich vertut und mitten in Georges Solo zu singen beginnt. Als sie fertig sind, initiiert John gleich noch eine kompakte Instrumentalimprovisation (1:08), bei der alle mitmachen.

Und jetzt? Paul singt als Vorschlag den Titel von *Don't Let Me Down*, und John ist verblüfft – genau daran hat er auch gedacht. Bevor es losgeht, will John noch wissen, was George mit seinem Wah-Wah-Pedal vorhabe, doch der beruhigt ihn, er werde sich zurückhalten. Die Proben starten mit einer Komplettfassung von DON'T LET ME DOWN (3:43), die zeigt, daß die Beatles das am Vortag bei diesem Song erreichte Niveau halten können, nur ein ordentlicher Schluß fehlt immer noch. In bewährter Manier folgen

Versuche, Details noch weiter nachzupolieren, Paul probiert Gesangsvarianten, und auch bei der Middle-Eight werden noch Verbesserungsmöglichkeiten ausgetestet. George entwickelt probehalber ein vibratoreiches Gitarrenriff für die Middle-Eight, das John an ihre Fassung eines Donays-Songs von der LP *With The Beatles* (nicht dem „ersten Album", wie John meint) erinnert, und diese Ähnlichkeit prüfen die Beatles gleich nach, indem sie eine Zwitterversion DON'T LET ME DOWN / DEVIL IN HER HEART (0:34) spielen, gefolgt von einer ‚historisch korrekten' Fassung von DEVIL IN HER HEART (0:52), die nur darunter leidet, daß John den Text nicht mehr weiß. Also zurück zu DON'T LET ME DOWN – die Beatles probieren noch ein bißchen dran herum, entfernen sich aber wieder von dem erreichten Level und sind wohl auch nicht mehr ganz bei der Sache.

Es ist fast fünf Uhr nachmittags. George hat Hunger, außerdem ein kleines Problem, das er auf die ungewohnten Arbeitszeiten schiebt, und muß mal eben verschwinden. John beginnt Chuck Berrys THIRTY DAYS (0:52) zu singen und zu spielen, gefolgt vom (etwas unsauberen) Riff aus REVOLUTION (0:37) und einem kurzen Riff aus A CASE OF THE BLUES (0:07). Als John dann Gene Vincents BE-BOP-A-LULA (1:49) anstimmt, macht Ringo mit, und wo sie nun schon mal dabei sind, lassen sie ein Medley aus einem weiteren Gene-Vincent-Stück und einer Eddie-Cochran-Nummer folgen, LOTTA LOVIN' / SOMETHIN' ELSE (1:11), verfallen dann auf eine langsame, lässige Improvisation (6:44+), an der sich am Ende auch Paul beteiligt. George ist wieder da, und irgendwer hat die 1968er Aufnahme von *Across The Universe* besorgt, die sie sich jetzt anhören, um sich wieder mit dem Song vertraut zu machen. John und George unterhalten sich über die Möglichkeiten, die Sounds der Aufnahme mit Wah-Wah-Effekten nachzuahmen. John sucht die Erinnerung an die ungeliebte Aufnahme abzuschütteln, indem er kurz Chuck Berrys SCHOOL DAY (0:17) anspielt, bevor er sich an dem Shadows-Instrumental F.B.I. (0:32) versucht – die anderen machen mit, denn sie haben noch die Instrumente in Händen, da Paul trotz der späten Stunde anschließend einen seiner neuen Songs durchproben will. Sie spielen einmal recht sicher und mit erträglichem Gesamtsound durch SHE CAME IN THROUGH THE BATHROOM WINDOW (3:01). Paul ist zufrieden, doch George kann sich mit seinem Gesangspart nicht anfreunden. Detailproben mit verändertem Tempo und Variationen an der Bridge folgen, doch so richtig Lust zur Weiterarbeit hat niemand mehr – der Tag war mühsam genug.

Daß es ein erfolgreicher Tag gewesen wäre, läßt sich schwerlich behaupten. Musikalisch hat er kaum Fortschritte gebracht. *I've Got A Feeling* und

Don't Let Me Down klingen zwar nun nahezu perfekt, taten das aber auch schon am Vortag; neu auf ein präsentables Niveau gebracht wurde nur *Maxwell's Silver Hammer*, Erfolg verspricht zudem die Arbeit an *She Came In Through The Bathroom Window* – nicht zufällig handelt es sich in beiden Fällen um Stücke von Paul. George, an den Vortagen immer mit neuen Stücken dabei, weigert sich nun, überhaupt noch eigenes Songmaterial beizutragen; John wiederum hat gar nichts zu bieten, nur widerwillig (und auf Drängen von Yoko) bringt er ganz kurz *Gimme Some Truth* und *A Case Of The Blues* aufs Tapet (beides Stücke, die fortan bei den Proben gar nicht mehr auftauchen werden), auch *Dig A Pony* findet er eigentlich zu lahm. Der Knaller des Tages wird noch von keinem der Beteiligten als solcher erkannt, es ist ein Augenblickseinfall von Paul, *Get Back*. Während die Beatles musikalisch auf der Stelle treten, bewegen sie sich kommunikativ sogar rückwärts, entfernen sich von ihrem Konzertvorhaben, an dem nur Paul noch ernstlich interessiert schein. John versinkt in Lethargie und Kommunikationsverweigerung, als ernstzunehmender Partner Pauls kommt nur noch George in Betracht, der aber die Grundlagen ihrer Arbeit in Frage stellt; je umsichtiger Paul sich bemüht, auf George einzugehen, desto ätzender werden dessen Reaktionen. Zudem brodelt unterschwellig ein Konflikt zwischen George und John, der bei den Proben zu *Across The Universe* gelegentlich aufblitzt, einem Stück, an dem John penetrant festhält, obwohl er es nicht in den Griff bekommt und jeder neue Probenversuch in einem Fiasko endet.

Kreuzfahrt

Mittwoch, 8. Januar 1969, Filmstudio Twickenham

Heute sind George und Ringo als erste Beatles in Twickenham. Sie sitzen am Rand der Bühne, beide noch in Jacke, da es in der großen Halle morgens empfindlich kühl ist (erst im Laufe des Tages heizen die Scheinwerfer des Filmteams den Raum auf). George hat über Nacht einen neuen Song geschrieben; bevor er ihn präsentiert, sagt er wegwerfend: „Mir ist das egal, ob sie ihn wollen oder nicht. Sonst nehme ich ihn halt für das Musical." (Zwei Tage zuvor ist angekündigt worden, George und Pressesprecher Derek Taylor würden ein Musical über die Firma Apple schreiben; daraus wird aber nie etwas.) Auf Johns E-Gitarre (allerdings unverstärkt) spielt George dann sein neues I ME MINE (0:59), einen Song im Walzertakt mit dramatischer Melodie und einem schnellen Flamenco-Break. (Ein Ausschnitt dieser ersten Präsentation und auch aus dem Gespräch zuvor ist in dem Film *Let It Be* zu sehen.)

George und Ringo unterhalten sich über Johns *1969 Diary* und vor allem über das Fernsehprogramm vom Vorabend. Die Hintergrundmusik einer Sendung über Medaillen und Auszeichnungen – *Europe: The Titled And The Untitled* – brachte George auf die Idee zu seinem Song. Er spielt I ME MINE (0:59+) noch einmal, und bei der zweiten Strophe singt Ringo den Refrain mit. George erklärt, daß sein Song ursprünglich eine plumpere Bridge hatte, die ihm nicht gefiel, weswegen er sie durch das Flamenco-Break ersetzte.

Das Gespräch wendet sich wieder dem Fernsehprogramm zu. Aus einem Film über den Zweiten Weltkrieg hat George etwas gelernt, was er noch nicht wußte: „Weißt du, als sie die ganzen Bomben über Deutschland abwarfen, haben sie mehr Menschen getötet als ..." – Ringo: „Und alles Zivilisten, die nichts damit zu tun hatten." George: „Als sie rüberflogen, hast du das gesehen? Das sah aus wie Hamburg." Irgendwie kommt er dann auf Stiefel zu sprechen und beschreibt welche, die er gern hätte. Paul, soeben dazugekommen: „Wenn du so welche haben willst – da hab ich noch welche." George und Paul witzeln, ob sie sie gleich holen sollen, aber dann macht George ein anderes Angebot: „Willst du den Song hören, den ich letzte Nacht geschrieben hab? Es ist ein sehr kurzer." Paul will, und so spielt George eine Komplettfassung von I ME MINE (1:34), schon mit dem vollständigen und endgültigen Text. Er fragt, ob die Zeile „Flowing more freely than wine" wohl grammatisch korrekt sei, doch Michael Lindsay-Hogg meint, das sei so in Ordnung.

Lindsay-Hogg beginnt, mit Paul und Ringo über sein Lieblingsthema zu sprechen, die Live-Show. Paul singt einen Schnipsel aus I'VE GOT A FEELING (0:10) und stellt sich vor, daß ein britisches Publikum das inbrünstige „Oh yeah!" mit einem steifen „Oh yes" beantworten würde; dann fängt er an, das Gehabe der schwarzen Musiker James Brown und Jimmy Scott zu karikieren. George amüsiert sich ein wenig mit dem unveröffentlichten Dylan-Titel GET YOUR ROCKS OFF (0:32), klimpert dann noch etwas auf der Gitarre herum und wirft den Slogan „Legalize pot!" in die richtungslose Diskussion ein – das bezieht sich auf einen Zeitungsartikel, der die Ergebnisse einer Expertenkommission zu Drogen ausbreitet. George liest daraus vor: „‚Es wurde festgestellt, daß Marihuana weniger schädlich sein kann als Alkohol.' Stellt euch das doch mal vor – weniger schädlich als Alkohol!" Passend zu dieser Feststellung taucht John auf; George zu ihm: „Ich hab dir deine Gitarre schon mal angewärmt."

Während das Gespräch übers Fernsehen wieder aufgenommen wird, geht Paul ans Klavier und beginnt eine verträumte Improvisation (1:40), bei der Ringo schließlich mittrommelt. Paul wechselt das Instrument und spielt nun am Baß eine Improvisation (4:14+), zu der er die Namen von Lebensmitteln singt. Ringo spielt wieder mit, dann auch George, der zudem Gesangsideen zugibt, und am Ende werden auch Teile aus Marvin Gayes HITCH HIKE und Big Joe Turners HONEY, HUSH in der Improvisation verwurstet. Aus Pauls nächstem Baßriff entwickelt sich eine parodistisch überzogene Gemeinschaftsfassung von Ben E. Kings STAND BY ME (2:18); die kasperige Stimmung setzt sich fort in einer Parodie des HARE KRISHNA MANTRA (1:09), bei der Paul das „Hare Krishna" durch Personennamen ersetzt, die mit „Harry" anfangen, dann folgt eine kurze Elvis-Parodie (0:23).

Nach einer weiteren Veralberung des HARE KRISHNA MANTRA (0:40) ruft Paul zu ernsthafter Arbeit auf und schlägt einen Probedurchlauf von TWO OF US (3:05) vor. Obwohl John am Anfang seinen Gesangseinsatz verpaßt, fällt die Probe (die ausschnittweise in den Film *Let It Be* aufgenommen wird) beschwingt und kompetent aus; John verkündet stolz, er habe alle seine Gitarrenparts hingekriegt. Die gute Laune wird wohl auch dadurch befördert, daß John und Paul den Song stehend an einem gemeinsamen Mikro gesungen haben; dies ist einer der wenigen Momente bei diesen Sessions, in denen jemand anderes John körperlich näher ist als Yoko. Paul hat seinen Vokalpart stellenweise als Elvis-Parodie gesungen, und in diesem Stil improvisiert er jetzt ein Liedchen mit der Eingangszeile „You got me going" (0:23); George fängt die Stimmung auf und spielt das Intro von TWIST AND SHOUT (0:05), mit dem die Beatles früher gern ihre Konzerte eröffneten. Paul will dieses Intro als Einstieg in Johns besten neuen Song nutzen, aber John zieht es vor, diesen konventionell anzuzählen: DON'T LET ME DOWN (3:02) kriegen die Beatles auf eine wuchtige Weise hin, die sehr überzeugend klingt, auch wenn John Aussetzer hat, was den Text betrifft.

John beendet seinen Song mit einer parodistischen Dankesfloskel, und Paul nutzt die gemeinsame Spiellaune, indem er gleich zum nächsten Stück aufruft: I'VE GOT A FEELING (3:38). Auch dieser Probedurchlauf fällt kraftvoll und kompetent aus; Teile daraus werden im Film *Let It Be* mit einem weiteren vom nächsten Tag zusammengeschnitten. John, heute offenbar besser drauf als zuletzt, tönt herum: „Noch zwei Tage, und wir haben zwei weitere im Kasten." Aber so ernst meint er das nicht; die allgemeine Sorge versteckt er unter Blödelei: „Nun, dies ist eine sehr kleine LP, das ist konzeptionell gedacht!" Was wollen sie jetzt machen? John spielt einige Takte des ST. LOUIS BLUES (0:06), weil George den Titel gerufen hat, aber auch das ist nur Alberei; auf Pauls Vorschlag spielen sie sich durch ONE AFTER 909 (3:10), und obwohl sie zwischendurch einmal abbrechen müssen, reicht es doch als Rückversicherung, daß sie den alten Knaller im Griff haben. Als Schnörkel hinterdrein singt John noch einige Textzeilen aus TOO BAD ABOUT SORROWS (0:29), einer uralten Lennon-McCartney-Komposition, die die Beatles nie aufgenommen haben. John, dessen Laune immer besser wird, macht einen Witz über die Marihuana-Geschichte in der Zeitung: „Die Queen sagt nein zu Pot-rauchenden FBI-Mitgliedern." (Der Witz gefällt nicht nur Yoko, die lacht, sondern auch Lindsay-Hogg, der ihn später in den Film *Let It Be* einfügt, und selbst auf der LP *Let It Be* landet die Formulierung schließlich – es bleibt bis 2003 der einzige Schnipsel der Twickenham-Proben, der auf einem offiziellen Beatles-Tonträger enthalten ist.) Im Anschluß stimmt John noch eine weitere Lennon-McCartney-Uraltnummer an, JUST FUN (0:13). George verliest unterdes die Songtitel ihres „Plans" und schlägt witzelnd vor, *She Came In Through The Bathroom Window* umzubenennen in den altbekannten Titel, den John daraufhin singt: SHE SAID, SHE SAID (0:32); die Witzelei bezieht sich womöglich auch darauf, daß die Beatles mit der Version, die sie für *Revolver* eingespielt haben, nie zufrieden waren.

Ringo schlägt vor, doch den von George veralberten Song zu proben; Paul möchte lieber Georges *All Things Must Pass* vornehmen, und einige Takte

SHE CAME IN THROUGH THE BATHROOM WINDOW (0:10), die von George angestimmt und von den anderen aufgenommen werden, dienen nur dem Warmspielen, ebenso wie Kurzimprovisationen über die Baßriffs von Sonny Boy Williamsons ONE WAY OUT (0:32) und Richard Harris' MACARTHUR PARK (1:45), bei denen John sich an der Orgel in Positur bringt, wobei er allerdings durchblicken läßt, daß er nicht wirklich weiß, wie das Instrument funktioniert. Glyn Johns verspricht auf Nachfrage, das langerwartete Tonbandgerät sei „in fünf Minuten" einsatzfähig; Paul überbrückt die Zeit nochmals mit MACARTHUR PARK (0:52), diesmal in einer gesungenen Fassung, begleitet von Ringos Drums und recht behelfsmäßigen Orgeltönen.

Und damit sind jetzt – es ist etwa 11:45 – alle bereit für die Probenarbeit an ALL THINGS MUST PASS, mit der sie sich in der nächsten halben Stunde beschäftigen werden. Mehrere Versuche, den Song erst einmal komplett durchzuspielen, scheitern, meist aufgrund von Problemen mit dem Harmoniegesang. Paul schlägt zudem ein Instrumentalintro vor, und es beginnen die üblichen Detailproben. George ist insgesamt unzufrieden und überlegt immer noch, ob er den Song nicht lieber mit akustischer Gitarre spielen sollte; Paul findet die Idee zwar eigentlich gut, stellt sich eine Version vor, auf der Georges Bandkollegen nur mitsingen, aber das, findet er, wäre dann keine Gruppenversion mehr. Eine Soloversion möchte allerdings George nicht, und Paul versucht, ihn in Richtung einer leichteren, durchsichtigeren Gruppenvariante zu drängen. Als solche leichtere Version (ganz ohne Schlagzeug) wird ALL THINGS MUST PASS (3:38) einmal durchgespielt, klingt aber inhomogen und völlig zerquält, nicht nur, weil John im Kampf mit der Orgel hoffnungslos unterliegt – das liegt nicht nur daran, daß Yoko an John herumschmust, während der orgelt. George schlägt ihm vor, von der Orgel ans Klavier zu wechseln, aber der Versuch, mit dieser veränderten Instrumentierung ALL THINGS MUST PASS (1:43+) noch einmal durchzuspielen, klingt so, als dämmerten George, Paul und John gemeinsam in den Mittagsschlaf weg. Danach unternimmt John ein paar Versuche, sich mit den Akkorden, die George ihm ansagt, auf dem Klavier etwas zurechtzufummeln, kriegt aber noch weniger zustande als George und Paul in ihrem Bemühen, am Harmoniegesang zu feilen. John nutzt die Tatsache, daß er am Klavier sitzt, um kurz ein Stück durchzuspielen, das zwar nicht ganz neu ist (es gibt ein Demo aus dem Mai des Vorjahrs), aber jetzt zum ersten Mal unter improvisierter Beteiligung der anderen drei Beatles gespielt wird: MEAN MR. MUSTARD (3:25). Einmal dabei, eigenes Songmaterial zu proben, spielt John auf dem Klavier auch noch DON'T LET ME DOWN (0:39), Paul und George stimmen ihre Instrumente, und auf Pauls aufforderndes „Okay?" folgt ein letzter weitgehend kompletter Durchgang durch ALL THINGS MUST PASS (3:09), der ganz erträglich klingen würde, wäre da nicht Johns inadäquates Klaviergeklimper – aber Vortragsniveau haben nur Georges Lead- und Pauls Harmoniegesang.

Während George und Ringo noch über das Arrangement debattieren, stimmt John am Klavier und mit näselndem Gesang Jerry Lee Lewis' FOOLS LIKE ME (2:05) an, gefolgt von der Hank-Williams-Nummer YOU WIN AGAIN (1:26); die andern machen nach Kräften mit, die Spielfreude ist allerdings größer als die Spielfertigkeit. John, immer noch amerikanisch näselnd: „Alright, Harrison!" Aber George will sein Stück nicht nochmals proben, sondern schlägt Pauls *Bathroom Window* vor. John improvisiert noch schnell ein Klavierriff (0:31); als Paul ihn fragt, ob er an diesem Instrument bleiben will, bejaht er, und Paul sagt ihm die Akkorde an.

Zwei Probendurchläufe von SHE CAME IN THROUGH THE BATHROOM WINDOW (2:24+ / 3:00) erfolgen in langsamerem Tempo als üblich, vielleicht um John nicht zu überfordern, doch dann gibt Paul die Parole aus: „Noch einmal, ein bißchen schneller." Die folgende Komplettprobe von SHE CAME IN THROUGH THE BATHROOM WINDOW (3:04) ist aber nur im Tempo flotter, klingt insgesamt ein wenig lustlos, erst gegen Ende werden Paul und George sichtlich warm. John wärmt sich lieber durch parodistische Einlagen auf, er singt die Titelzeile von Carl Perkins' RIGHT STRING, WRONG YO-YO (0:06), allerdings abgewandelt zu „String right, baby, with the wrong Yoko". Paul schlägt vor: „Wie wär's mit Mittagessen? Warum nicht?" John äfft ihn nach, „warum nicht?", spielt einen Boogie (0:08), wozu er mit tiefer Stimme „Boogie Woogie!" intoniert, singt dann im gleichen Gestus das Kinderlied BAA, BAA, BLACK SHEEP (0:20) und schließlich – schon beim Rausgehen – den Johnny-Cymbal-Hit MR. BASS MAN (0:12), weil jemand den Aufkleber „bassman" auf Pauls Baß erwähnt hat. Es ist kurz nach 13 Uhr.

Nach der Mittagspause vertreiben Paul, George und John (einer von ihnen – vermutlich John – an Ringos Schlagzeug) sich die Zeit erst einmal mit zwei Instrumental-Jams (1:11 / 3:03). Auf eine sehr frei improvisierte Instrumentalfassung von I ME MINE (1:00) folgt noch eine schnellere Jam (1:10), zu der Paul Textfetzen singt und irgendwer (wahrscheinlich auch Paul) am Klavier mitklimpert. George hat sich inzwischen den Fender-Baß bringen lassen, Ringo sitzt wieder am Schlagzeug, und so schlunzen sich alle vier in leicht schläfrigem Tempo durch MAXWELL'S SILVER

HAMMER (3:48+). Die nächste gute halbe Stunde gehört ausschließlich der Detailarbeit an Pauls Song. George meint, sie hätten den ersten Versuch zu langsam gespielt, also versuchen sie's noch einmal schneller, brechen aber ab, weil es Mikrophonprobleme gibt. Zum Testen der Mikros wird ein bißchen herumgealbert; ein weiterer Probenversuch bricht ab, weil George und John an der falschen Stelle pfeifen. Insgesamt klingt das Stück deutlich unsauberer als am Vortag. Mal Evans muß wieder mit Hammer und Amboß zu Werke schreiten; eine Komplettprobe von MAXWELL'S SILVER HAMMER (3:16+) fällt eher mühsam aus; weitere Versuche brechen erneut ab, und eine kleine Sologesangseinlage von John ist nur unter karikaturistischen Aspekten zu ertragen, ebenso wie sein Einschub eines ad-hoc-Liedchens mit der Textzeile „Life is what you make it" (0:08). Paul will, daß George und John den Refrain im Duett singen, doch das klingt so gruselig, daß selbst ein Modifikationsvorschlag von George die Idee nicht retten kann. Paul ruft zu einer letzten Komplettprobe von MAXWELL'S SILVER HAMMER (3:36) auf, die besser ausfällt als die vorherigen Versuche, aber immer noch schwerfällig. Im Moment scheint mehr nicht drin.

George fragt, ob die Kollegen ein neues Stück lernen wollen – es ist ungefähr 14:45, also noch Zeit genug. Er meint, sein neues Stück lasse sich am besten akustisch spielen; vielleicht in unbewußter Reaktion darauf improvisieren die Kollegen eine atonale Krach-Orgie (2:19). George muß noch eben auf die Toilette, dann spielt er allen rasch die erste Strophe von I ME MINE (0:35) vor. John, der den Song als einziger noch nicht gehört hat, witzelt zunächst, aufgrund der Kürze sei er wohl gut für einen Werbespot geeignet, will dann aber wissen: „Fein, aber was machen wir damit? Scheint schwer zu spielen." George widerspricht und führt I ME MINE (1:30) jetzt komplett vor; Paul und John singen stellenweise mit, John allerdings mit verstellter Stimme, in der er dann loskaspert, sie seien eine Rock'n'RollBand, in der solche spanischen Harrison-Spezialitäten keinen Platz hätten. Sein Tonfall ist extrem unernst, aber diese Art von Belustigung kann George kaum gefallen. „Ich geh dann mal an die Drehorgel", setzt John noch einen drauf, versucht dann aber, wieder ernster zu werden: „Okay, George, hast du irgendeine Idee, was wir spielen sollen?" Mal Evans verteilt unterdessen den Text des zu probenden neuen Songs. George, als Reaktion auf Johns Frechheiten: „Einfach Akkordeon." John: „Ich hab mich für Pauls Akkordeon entschieden!" Mal Evans erwähnt, das sei leider nicht hier, und fängt sich von John dafür einen Rüffel ein, von dem unklar bleibt, was daran Ernst ist und was Spaß. Und wo John schon beim Rüffeln ist, will er auch noch wissen, warum sie kein elektrisches Piano hätten; George erklärt ihm, dasjenige im Abbey-Road-Studio sei eh kaputt. Für die Fortsetzung der Probenarbeit ist niemand bereit, alle quatschen durcheinander, und George summt ein paar Takte des Elvis-Songs HOW DO YOU THINK I FEEL? (0:11); John singt gleich den Text dazu, müßte also verstanden haben, daß die Gefühle von George unterschwelliges Thema sind.

Doch darum kümmert sich im Moment niemand. Die Techniker versuchen, das PA-System zum Laufen zu bringen, das mit einer Echo-Anlage versehen wird; John singt eine Zeile aus Georgie Fames THE BALLAD OF BONNIE AND CLYDE (0:03), nachdem jemand die Melodie gepfiffen hat, dann beginnt er mit verstellter Stimme einen theatralischen Dialog mit Paul, der darauf eingeht und die Gelegenheit nutzt, um in unernstem Ton eine ernste Frage zu stellen: „Hoffentlich kommst du bald mit dem Stoff über!" John: „Denke, ich hätte da bißchen was." Paul: „Hoffe, du kannst auch liefern!" John: „Bin voller Hoffnung auf einen Rock'n'Roller." Keiner spricht es aus, aber jeder weiß, worum es geht – um die Frage, ob John endlich brauchbare neue Songs zu bieten hat. Unterdes kämpfen die Techniker mit extremem Feedback. John nutzt das Echo zum Rumblödeln, wobei er gleich noch Allan Shermans HELLO MUDDAH, HELLO FADDUH! (A LETTER FROM CAMP) (0:06) mit verwurstet, dann einen Schnipsel aus I ME MINE (0:14) spielt, der auf der Kippe zwischen Parodie und ernsthaftem Versuch steht. Die Verzerrungen der PA erinnern John an das Binson-Echogerät, das die Beatles seinerzeit in Hamburg benutzten, und zur Illustration dieser Erinnerung spielt er ein paar wilde Anfänger-Riffs und einige Takte aus F.B.I (0:11). Die Blödeleien können nicht darüber hinwegtäuschen, daß John von der technischen Verzögerung genervt ist; auf Krawall gebürstet, improvisiert er eine flamencoartige Gitarrenimprovisation mit der Textzeile „I'm going to knock him down dead" (0:28), die nicht nur klingt wie eine Parodie auf Georges neuen Song, sondern wohl auch so gemeint ist. Als nächstes stümpert er auf der Gitarre eine Melodie unbekannter Herkunft (0:20) zusammen, verkündet dann, er wolle bei Georges Stück außer Akkordeon auch Dudelsack spielen. Paul beginnt, vielleicht um John abzulenken, OH! DARLING (1:53) zu singen und zu spielen; John und Ringo machen mit, während George sich um eine akustische Gitarre bemüht. Als John dann noch einmal – diesmal singend – I ME MINE (0:03) veralbert, ergreift Paul wieder die Initiative und singt zu eigener Klavierbegleitung eine ausgedehnte Session-Fassung des sehr verträumt klingenden Songs LET IT BE (7:01). Ringo trommelt die ganze Zeit mit; John rührt nur gelegentlich kakophonische Gitarrenakkorde hinein und hat auch für Pauls Komposition nur Sticheleien parat – Paul solle im Text „Mother Mary" wieder durch

„Brother Malcolm" ersetzen (so sang Paul das Textfragment bei den Sessions zum Weißen Album, wohl nicht in Anspielung auf den Bürgerrechtsaktivisten Malcolm X, sondern gemünzt auf Mal Evans, der Jahre später bekennen wird, die Formulierung „let it be" habe Paul von ihm übernommen).

Die Beatles nudeln noch unmotiviert weiter auf ihren Instrumenten herum (ein Gemisch aus kurzen Rhythmuslinien, unverständlichem Gesang und halberinnerten Riffs), dann bittet ausgerechnet John George, ihnen sein neues Stück beizubringen. George geht im langsamen Stop-and-Go-Verfahren einmal komplett durch I ME MINE (2:47+), unterbricht gezielt, um die Akkorde und spezielle Übergänge zu erläutern – und dies ist der Startschuß zu ausgedehnten Proben an dem Song, mit denen die Beatles fast den ganzen restlichen Tag beschäftigt sind. Paul schlägt vor, den Song erst einmal einige Male komplett durchzugehen; George zeigt Paul und John die Akkorde, dann versuchen sie zu einem etwas aufdringlichen Walzerrhythmus von Ringo ein instrumentales Durchspiel, bei dem Paul aber das Flamencobreak in einen sehr einfallsreichen Scat-Gesang umsetzt. George gefällt das: „Willst du das nicht in der Show machen?" Paul hat noch eine andere Idee: „John und Yoko tanzen dazu in ihrem weißen Sack Walzer! Die haben doch Sachen darin gemacht; diesmal können sie Walzer tanzen." George springt nicht richtig drauf an. Bei den weiteren Proben findet Ringo zu einer leichteren und beweglicheren Cymbals-Begleitung; George überlegt zudem, ob man fürs Break Kastagnetten einsetzen könnte. Gearbeitet wird hauptsächlich am Gesang und dem Flamenco-Break.

Inzwischen ist es 15:45. George macht eine kurze Zigarettenpause und läßt sich nochmals beruhigen, daß der Text grammatisch korrekt ist. Zusammen mit Paul modifiziert er die Akkordfolge; an seiner Kastagnetten-Idee möchte George festhalten und dafür jemanden vom technischen Personal (vielleicht George Martin) verpflichten, doch Paul erklärt ihm, beim Konzert könne niemand vom Mischpult abgezogen werden. Beim nächsten versandenden Probenversuch von I ME MINE singt Paul Melodie und Titel des Walzers DOMINO (1:28), spielt dazu das entsprechende Baßriff, dann geht es weiter mit I ME MINE, das wie eine Endlosschleife instrumental durchgespielt wird und inzwischen erstaunlich sicher klingt.

Eine Pause aufgrund technischer Fummeleien, die zu Rückkopplungen führen, nutzt Paul, um sich ans Klavier zu setzen und im Endlosverfahren seine Vertrautheit mit THE LONG AND WINDING ROAD (7:45+) zu verbessern. John kaspert dazu ein bißchen herum, will aber dann doch die Akkorde wissen. George erklärt, ihm mache es nichts aus, jetzt Pauls Stück zu üben (was auf das Gegenteil schließen läßt), doch Paul, der noch einige

Takte des ADAGIO FOR STRINGS (0:13) spielt, drängt indirekt zu Georges Song zurück, indem er über den Beginn der Walzerkarriere von John und Yoko witzelt (dabei muß sogar Yoko lachen). George spielt kurz das Flamenco-Break von I ME MINE (0:10) und fragt dann rum, ob das womöglich urheberrechtlich geschützt sei. Ringo muß mal eben sein Fuß-pedal ölen, George überbrückt die Pause mit einer länglichen Wiedergabe der Entstehungsgeschichte seines Songs *Don't Bother Me*, während Paul einen vermutlich improvisierten, stilistisch etwas an Canned Heat er-innernden Song mit der Zeile „Tell all the folks back home" (1:33) singt, wozu er sich am Baß begleitet. Dann aber ist auch Ringo bereit, und es folgen zwei sehr überzeugend klingende Komplettproben von I ME MINE (1:28 / 1:23), kompetent gespielt von George, Paul und Ringo, während John dazu tatsächlich mit Yoko einen Walzer hinlegt. Regisseur Lindsay-Hogg begeistert sich an der Tanzeinlage und beginnt wortreich allerlei Ideen für theatralische Konzerteinlagen zu entwickeln; die Beatles sind von diesen Darlegungen aber nur genervt, reagieren gar nicht oder mit Albereien, und Paul und Ringo flüchten sich in eine kurze Instrumentalimprovisation (0:39).

Für den Moment ist ein bißchen die Luft raus. Lindsay-Hogg quatscht weiter drauflos, erwähnt seinen Lieblingssong, und Paul spielt und singt einige Takte daraus: Cole Porters TRUE LOVE (0:24). Lindsay-Hogg merkt schließlich, daß Paul und John ihn nur hochnehmen, aber Paul bemüht sich, diesen Eindruck zu zerstreuen, indem er ernsthaft über Bühnensettings mit ihm zu reden beginnt (frühere Beatles-Erfahrungen mit Film und Fernsehen kommen ins Spiel). George hat sich unterdes ans Klavier gesetzt und spielt improvisierte Tonfolgen (2:21). John erinnert sich an einen Song, den die Beatles in einer der von Paul erwähnten TV-Shows gespielt haben, und nudelt einige Takte auf der Gitarre: SHOUT! (0:15). Überhaupt besteht Johns einziger Beitrag zum Gespräch darin, daß er es durch Gitarrenriffs stört, und Michael-Hogg beschwert sich offen über seine mangelnde Gesprächsbeteiligung und sagt sogar, Johns Gitarre mache ihm Angst – eine Aussage, die Paul so sehr belustigt, daß er sie gleich als Songtextfragment intoniert. John spielt und singt eine parodistische Abwandlung von Chuck Berrys SWEET LITTLE SIXTEEN (0:49). Als Lindsay-Hogg weiter davon schwafelt, wie sie ihre Show aufpeppen könnten, wirft John ein, erst einmal sei's wichtiger, ihre Songs draufzuhaben, und spielt kurz ein spanisches Flamencostück, MALAGUENA (0:16). Paul zu Lindsay-Hogg: „Wir beabsichtigen, noch ein paar Rocker zu schreiben." John, der sich vielleicht an Pauls Gardinenpredigt vom Vortag (ihr Erwachsenwerden betreffend) erinnert, wirft die Worte „Ich werde erwachsen" dazwischen und stimmt ein Stück zum Thema an, Chuck Berrys ALMOST GROWN (0:54), bei dem Paul beherzt mitsingt. Inzwischen ist es etwa 17:30.

Nach dem Gequatsche stehen die Zeichen wieder auf Musik. Paul fragt: „Haben wir Georges Nummer also im Kasten?" John, albern: „Ich nicht." Paul: „Dann sollten wir noch ein bißchen dran arbeiten." George ist natürlich einverstanden, aber John, der die ganze Zeit spanisch klingende Riffs auf seiner Gitarre nudelt, startet erst einmal eine Fremdnummer, bei der Ringo und George nach Kräften mitmachen: WHAT I AM LIVING FOR? (1:08) von Chuck Willis. Paul hängt noch im Gespräch fest; Glyn Johns will wissen, was sie am ersten Probentag für ein Rock'n'Roll-Stück gespielt haben – alle versuchen, auf den Titel zu kommen, allerdings vergeblich. Für John ist das Anlaß genug, ROCK AND ROLL MUSIC (1:13) zu starten, ein Stück, mit dem sie am Vortag so viel Spaß hatten; George und Ringo machen wieder mit, aber Paul rätselt immer noch herum, was Glyn Johns gemeint haben könnte, und rät ihm schließlich, alle bisher aufgenommenen Filmrollen durchzusehen, um es herauszufinden.

Und damit nun wieder zur Probenarbeit an Georges neuem Song. Auf zwei abgebrochene Versuche folgt ein Komplettdurchlauf von I ME MINE (1:20), diesmal auch unter Beteiligung von John, aber sie sind noch nicht drin, es klingt recht bröselig. Ein weiterer Versuch bricht wieder ab, drum versuchen sie es erst einmal mit Detailproben, vor allem am Break. Paul schlägt vor, das Flamenco-Break durch eine Passage in träge wummerndem baßbetontem Rockrhythmus zu ergänzen – zusammen mit dem blechernschrillen Harmoniegesang ergibt das einen Sound, wie ihn Paul später zeitweise mit den Wings praktizieren wird. Diese Idee wird eine ganze Weile mit diversen Variationen ausprobiert, gleichzeitig am Refraingesang herumgeprökelt, wobei sich herausstellt, daß Paul den Text bisher falsch verstanden hat. Nach weiteren Teilproben kommt es schließlich zu einem letzten Komplettdurchlauf von I ME MINE (1:38), der insgesamt sehr sicher und dicht klingt, auch wenn die Bridge (jetzt eine Kombination aus Pauls etwas verfeinertem Baßriff und einer anschließenden Flamencopassage) immer noch etwas von einem Fremdkörper an sich hat. Diese letzte Probe wird Lindsay-Hogg in den Film *Let It Be* aufnehmen, dort allerdings geschickt zusammengeschnitten mit Sequenzen einer der Teilproben zuvor und Bildern des tanzenden Paares John und Yoko – vermutlich kommt Georges schöner Song nur dieser Tanzeinlage wegen überhaupt in den Film, und das ist der Grund, warum sich George, Paul und Ringo am 3. Januar 1970 nochmals im Studio versammeln und eine perfekte Neufassung von *I*

Me Mine (nun mit einer nochmals umgearbeiteten rockigen Bridge) einspielen werden, damit alle Songs, die im Film vorkommen, auch auf der LP *Let It Be* präsentiert werden können.

Aber das steht jetzt, am 8. Januar 1969, noch in den Sternen einer völlig ungewissen Zukunft. *I Me Mine*, der Song, dessen erste Idee George vor nicht einmal zwanzig Stunden gekommen ist, ist im Kasten und kann abgehakt werden. An ernsthafter Probenarbeit scheint für den Moment niemand mehr interessiert. Paul hat sich ans Klavier gesetzt und entspannt sich, indem er zwanzig Minuten oder länger praktisch pausenlos THE LONG AND WINDING ROAD rauf und runter spielt. Anfangs unterbricht er seinen Gesang kurz, um seinen Kollegen die Akkorde anzusagen, und George spielt fortan eine rudimentäre Begleitung, aber die meiste Zeit laufen ringsumher Gespräche, an denen sich zeitweise auch Paul beteiligt, während er weiterklimpert. John unterhält sich mit Glyn Johns und Denis O'Dell über das Konzertvorhaben, und Lindsay-Hogg ventiliert das selbe Thema mit Ringo, der nochmals betont, er wolle dafür nicht ins Ausland gehen. Lindsay-Hogg belustigt sich, daß alle noch richtige Rock'n'Roller sein wollen, wo sie doch nun „alle schon 28 oder so" seien, „George vielleicht noch nicht", aber Ringo widerspricht: „Ich denke, man kann auch mit 80 noch ein Rock'n'Roller sein." Außerdem meint Ringo, er könne Paul stundenlang einfach nur beim Klavierspielen zuschauen – Lindsay-Hogg sagt „ich auch", hat aber wohl nicht verstanden und textet Ringo weiter zu, bis der zum letzten Rettungsanker greift, sich ans Schlagzeug setzt und eine (allerdings sehr fragwürdige) Begleitung zu Pauls Klavierspiel trommelt. Lindsay-Hogg gesellt sich auf der Suche nach neuen Opfern zu Glyn Johns, Denis O'Dell und John, dem er wieder von einem Konzert bei Fackelschein in der Wüste vorschwärmt; John scheint nicht abgeneigt, stimmt auch zu, daß ein Live-Auftritt die Beatles wieder zusammenschweißen könne.

Paul wechselt jetzt den Song und beginnt, LET IT BE (3:07+) zu singen und zu spielen, wobei er George wieder die Akkorde ansagt, so daß der eine Gitarrenbegleitung entwickeln kann. Ringo trommelt einfach weiter, was er schon bei *The Long And Winding Road* trommelte. John grölt aus der Ferne dazwischen: „Let it be, oh Lordy, let it be!" Paul nimmt einige Detailabstimmungen mit George vor, dann spielen die beiden zu Ringos jetzt einfühlsamerer Trommelbegleitung einmal sehr engagiert komplett durch die bisher erarbeitete Fassung von LET IT BE (2:08); dort, wo später ein Break eingebaut wird, bricht der Song jetzt ab.

George fragt: „Okay – können wir heim?" Paul mit Nachdruck: „Ja!" Als Rausschmeißer spielt und singt George aber noch TO KINGDOM COME

(2:30) von The Band, die er ganz gegen seine Gewohnheit den ganzen Tag noch nicht erwähnt hat; Paul singt ein bißchen mit. Einige Leute aus der Crew verabschieden sich schon. Aber Lindsay-Hogg und O'Dell wollen jetzt, nachdem John schon Zustimmung signalisiert hat, auch die anderen Beatles doch noch von der Wüstenkonzertidee überzeugen, und so entspinnt sich eine längere Diskussion über das Vorhaben.

Der Vorschlag der Filmleute läuft drauf hinaus, per Kreuzfahrtschiff nach Nordafrika zu fahren und dort dann die ins Auge gefaßte spektakuläre Show abzuziehen. Paul findet zunächst allein schon die Vorstellung, ihre Rückkehr zum Rock'n'Roll „in Arabien" zu inszenieren, ziemlich belustigend, fängt aber dann doch an, sich dafür zu erwärmen: „Ich bin dabei, solange ihr zwei Boote zusammenkriegt. Die QE2. Und die Eintrittskarten hier gratis verteilt, wie's geplant war, aber die Karten schließen die Schiffsüberfahrt mit ein. Klar soweit?" Wie sich denken läßt, ist George nicht so schnell umzustimmen; er schlägt als Alternative den Cavern in Liverpool vor – das wäre in der Tat die angestrebte ‚Rückkehr zu den Wurzeln‘, doch niemand geht drauf ein. George aber will nicht zur Show verreisen, er will erst die Arbeit erledigen, hier in England, und dann gern verreisen, aber urlaubshalber. Paul, der offenbar nachgedacht hat, während die anderen sich ereifern, präsentiert schließlich das Ergebnis mit verstellter Stimme, als wolle er einen Song texten: „Ich sag euch was. Wir gehen fort, und wir sind auf einem Boot und nehmen das Publikum mit. Wir machen eine Show für die Kumpel auf dem Boot. Und dann machen wir noch eine Show, wenn wir angekommen sind. Bei Mondlicht." John gefällt die Aussicht, im Freien zu spielen: „Eine Nummer singen im Morgengrauen und all das!" Denis O'Dell meint, wenn sie Freikarten ausgeben, die die Fahrt auf dem Ozeandampfer einschließen, sei damit auch der Wohltätigkeitsaspekt erfüllt, über den sie tags zuvor nachgedacht haben. John fällt dazu ein: „Eine Bootsladung von Geisteskranken!" Aber dieser Gedanke fällt nicht auf fruchtbaren Boden.

Paul fällt noch ein anderer Aspekt ein: „Letztes Jahr, als wir das Album machten – da sagten wir uns plötzlich: Wir müssen's ja nicht hier bei der EMI machen." John erinnert sich auch: „Jedesmal, wenn wir ein Album machten, sagten wir: Warum kleben wir an der EMI? Wir könnten's in L.A. machen, wir könnten in Frankreich sein! Und jedesmal machen wir das, und jetzt sind wir doch wieder hier und bauen ein Schloß um uns rum." Paul gibt ihm recht: „Laß uns ein Abenteuer draus machen!" John: „Wir müssen das richtige Timing hinkriegen – die Sonne geht genau in der Middle-Eight auf!" Ringo ist nicht so abenteuerlich: „Ich glaube wirklich, wir sollten's hier machen." John zu Ringo: „Nenn mir einen Grund, warum wir hier bleiben sollten." Ringo: „Der Leute wegen!" Das aber beschwört nur neuen Widerspruch bei den Verfechtern der Kreuzfahrtidee herauf, denn „die Leute" – ihre Fans – sollen ja mitkommen: „Britische weiße Leute!" George, inzwischen sehr still geworden, fragt die Filmleute: „Und ihr werdet auch mit auf dem Boot sein?" Für ihn offenbar eine Horrorvorstellung, aber Paul stellt sich vor, daß sie im Ballsaal des Schiffes weiterproben und sich filmen lassen.

Lindsay-Hogg will abstimmen lassen: „Wenn wir das Publikum kriegen und das Boot – wer stimmt dafür? Hier ist eine Hand" – John hat sein Votum abgegeben, aber ein Mehrheitsentscheid ist nicht das, was Paul will, von den beiden anderen ganz zu schweigen. George kriegt den Horror: „Zu allem Überfluß haben wir dann auch noch für zwei Wochen eine ganze beschissene Bootsladung Leute am Hals! Hier kann man wenigstens noch nach Haus gehen und es hinter sich lassen." Und unpraktisch findet er das ganze Vorhaben zudem, woraufhin John meint, die praktische Seite müßten andere Leute klären. Da vor allem die Filmleute von einem exotischen Schauplatz schwärmen, wirft Ringo ein, soviel würde davon in der Filmdokumentation des Konzerts doch nicht zu sehen sein, und erntet sogleich Widerspruch. Als Lindsay-Hogg aber alle zu einer Grundsatzentscheidung drängen will, findet sogar der schwärmerische John, sie müßten länger drüber nachdenken. George freilich hält selbst das für überflüssig: „Ich finde, die Idee mit dem Boot ist kompletter Schwachsinn. Das ist sehr teuer und schwachsinnig." John: „Wir sollten das Boot kostenlos kriegen für die Publicity, die wir ihnen verschaffen, wenn wir darauf eine Show machen." George: „Für Publicity kriegen wir nicht mal kostenlose Verstärker!" John erzählt, wie problemlos es war, für den Film *How I Won The War*, in dem er mitspielte, amerikanische Kriegsschiffe zu kriegen, aber Ringo weist ihn drauf hin, das seien Schiffe gewesen, die zufällig in der Nähe und deswegen für ein paar Stunden verfügbar waren, und nicht ein Kreuzfahrtschiff, das man sich für eine Woche ausleihen wolle.

Lindsay-Hogg doziert noch weiter, doch Paul, John und Ringo (dem noch ein gutes Kreuzfahrtziel einfällt: „Die Schweiz!") wenden sich anderen Gesprächsthemen zu, und George schmollt still vor sich hin. Es reicht für heute.

Und das Fazit des Tages? Die Stimmung ist bestens gewesen, selbst George hat sich bei der ihn nervenden Schlußdiskussion zumindest zeitweise belustigt gezeigt. Offene Auseinandersetzungen hat es nicht gegeben. John war sehr gut drauf, ist aus der Lethargie der letzten Tage herausgekommen, aber wenn John gut drauf ist, heißt das leider auch, daß er sich gern auf Kosten anderer amüsiert, was heute vornehmlich zu Lasten von George ging, für dessen neuen Song *I Me Mine* John außer Hohn und Spott wenig übrig hatte. Paul hat sich mit einem Urteil über den Song gänzlich zurückgehalten und den ganzen Tag lang alles dafür getan, konstruktiv mit George zusammenzuarbeiten; darüber hat George dann sogar sein Vortagsgelöbnis vergessen, bei ihrem Live-Auftritt keinen seiner Songs spielen zu wollen. In der Summe hat der Tag musikalisch dennoch kaum etwas gebracht, wie sich im Rückblick erweisen wird; von den intensiv geprobten Nummern – Pauls *Maxwell's Silver Hammer* und *She Came In Through The Bathroom Window* sowie Georges *All Things Must Pass* und *I Me Mine* – wird es am Ende dieses Probenmonats keine einzige ins Show-Repertoire der Beatles geschafft haben. Und John hat zwar endlich einen unveröffentlichten (wenn auch nicht neuen) Song vorgelegt – *Mean Mister Mustard* –, der aber für das derzeitige Projekt unbrauchbar ist.

Pakistanis und Mohikaner

Donnerstag, 9. Januar 1969, Filmstudio Twickenham

Gegen 10:20 erscheint als erster Beatle Paul am Schauplatz, diesmal nicht allein, sondern mit seiner Freundin Linda Eastman. Warum Paul sie mitbringt, ist nicht ganz klar – vielleicht will er ihr nur seinen Arbeitsplatz zeigen, vielleicht ist er der Meinung, wenn John ständig seinen Anhang dabei habe, könne er das wohl auch mal, vielleicht verspricht er sich aber auch von ihrer Anwesenheit Hilfe bei der Diskussion über den Ort des Live-Auftritts. Linda spricht gleich Michael Lindsay-Hogg drauf an, man könne doch das Konzert hier in Twickenham abhalten – und sie fragt ihn, wie bei der Schiffsvariante die technischen Fragen gelöst werden sollen. Lindsay-Hogg meint, das sei das Problem von Apple, wechselt rasch das Thema und erzählt vom Inhalt eines Schwulenromans, den er gerade liest.

Paul setzt sich ans Klavier und beginnt zu spielen, diesmal einen noch nicht ganz fertigen neuen Song, den er nie mit den Beatles, sondern 1970 als Solo-Single veröffentlichen wird: ANOTHER DAY (3:16). Als jemand mit Kastagnetten zu klappern beginnt, improvisiert Paul ein spanisch klingendes Stück (0:28), klimpert unschlüssig herum und geht dann zu seinen schon gewohnten Morgenübungen über: THE CASTLE OF THE KING OF THE BIRDS (0:31), LET IT BE (0:42) und THE LONG AND WINDING ROAD (5:52). Als Paul nochmals LET IT BE (1:21) spielt, erläutert er, die Stelle mit dem Wort „whisper" müsse leiser gespielt werden; da die zweite Strophe noch nicht geschrieben ist, singt er textlos „du-du-du". Während Paul sich eine Tasse Tee bringen läßt und dann vage über LET IT BE improvisiert, kommentiert der inzwischen eingetroffene Ringo die ungeliebte Bootsidee. Die Anwesenden bringen mögliche spektakuläre Konzertorte in England ins Spiel: Flughäfen, die Kathedrale von Liverpool, das Parlamentsgebäude. Dabei fällt Paul eine weitere unfertige Nummer ein, die er spielt und singt: HER MAJESTY (1:01).

Während Paul noch mit Ringo über Jazzbands plaudert, klimpert er am Klavier weiter, spielt und singt jetzt GOLDEN SLUMBERS (3:16), wozu er scherzt, inzwischen habe er wohl genug Material für ein Album *Songs For Swinging Lovers* (so heißt eine Sinatra-LP) zusammen. Es folgt eine kurze Kombination aus GOLDEN SLUMBERS und CARRY THAT WEIGHT (0:54), dann eine längere Übung von CARRY THAT WEIGHT (1:57) mit Text- und Tempovarianten, bei der auch Ringo mitsingt – Paul fehlt für dieses Stück noch eine zweite Strophe (die Idee, beide Songs zu verbinden, ist noch nicht geboren). Nach einem weiteren Teildurchgang durch THE LONG AND WINDING ROAD (1:10) beginnt Paul ein Gespräch mit den Filmleuten über die tontechnische Ausstattung, die immer noch mangelhaft ist. Immerhin steht inzwischen ein Mischpult für die Kameramikros zur Verfügung. Paul spielt weiter THE LONG AND WINDING ROAD, bricht dabei immer wieder ab, vergleicht die Straße des Titels mit derjenigen im *Zauberer von Oz*, beteuert aber, den Film habe er nicht gesehen. Mal Evans schlägt vor, Paul solle doch noch ein „Hindernis" in den Text seines Songs einbauen, aber Paul meint nur: „Nicht noch mehr Hindernisse!"

Inzwischen ist es kurz nach elf Uhr. Paul spielt und singt OH! DARLING (2:27), klimpert dann mit hartem Anschlag gezielt herum, um das inzwischen eingeschaltete Echogerät auf seine Effekte hin durchzutesten, beginnt schließlich eine Improvisation über das Thema von THE CASTLE OF THE KING OF THE BIRDS (9:00+), bei der Ringo nach einiger Zeit mittrommelt. George erscheint und entschuldigt seine Verspätung damit, daß er noch habe frühstücken müssen. Zum Abschluß seiner Klavierübungen spielt Paul noch ein schnelles kurzes Instrumentalstück (0:11), dann ist die Solophase beendet, die Gruppenproben können beginnen.

Paul läßt dafür George den Vortritt, der sich zu eigener Begleitung an der akustischen Gitarre gleich dreimal durch FOR YOU BLUE (2:44+ / 2:34 / 2:41) singt. Paul improvisiert dazu eine Klavierbegleitung und nach einiger Zeit auch Harmoniegesang. George scheint ebenso beschwingt drauf zu sein, wie sich sein Song anhört, zwischendurch witzeln er und Paul über den Sack, in dem John und Yoko neuerdings so gern auftreten. Der Text des Songs ist schon komplett, George beschreibt Paul, wie einfach es war, ihn zu schreiben. Schließlich erscheinen John und Yoko auf der Bildfläche; George sagt, er spiele gerade „einen kleinen Blues-Folk-Song", und fängt an, ihn noch einmal zu spielen, bricht aber rasch ab und versucht es noch einmal in einer anderen Tonart. Ringo trommelt (nicht am Schlagzeug, sondern auf irgendwelchen Gegenständen) mit, aber Paul hat das Klavier verlassen, und rundherum wird gequatscht. Also unterbricht auch George sein Spiel und schwärmt von den Zeiten, „als wir noch immer akustisch und unverstärkt spielten; es war mehr skiffleartig, so war's damals immer. Die Leute, für die man sich damals begeisterte – Son House und diese bluesigen Leute; aber die folkigen, die akustischen. Es ist nett, einfach zu spielen und Sachen zu finden."

George mokiert sich zusammen mit John rasch über einige Zeitungsjournalisten, dann spielt er noch dreimal durch FOR YOU BLUE (2:30 /

2:01 / 2:35), zunächst unbeachtet von den anderen, die sich weiter unterhalten, dann unterstützt von Paul am Klavier und John an seiner verstimmten E-Gitarre. Ringo und Linda versuchen unterdes erfolglos, Michael Lindsay-Hogg von den Vorteilen eines englischen Publikums für ihre Show zu überzeugen. Das technische Personal stöpselt die Strippen ein (John, eigentlich nicht mit technischem Sachverstand geschlagen, will genau wissen, welche Strippe wofür ist), und die Beatles stimmen ihre Instrumente, woraus sich eine wüste Improvisation (3:15) entwickelt.

John schlägt vor, sich das vorzunehmen, was George gerade dauernd gespielt hat, aber Paul meint, sie sollten lieber erst proben, was sie schon gut draufhaben, und dann erst etwas Neues lernen: „Das ist unser Probenschema." Also schlägt John ein schon bekanntes Stück vor, *Across The Universe*, aber seine drei Kollegen machen sich statt dessen rasch über ein anderes Stück her – eine knappe halbe Stunde lang proben sie TWO OF US. Die ersten Versuche, das Stück einfach durchzuspielen, brechen ab, weil das Tempo nicht stimmt, John seinen Text vergißt oder Paul mit dem Gitarrenpart nicht zufrieden ist. John bleibt jetzt für den Song neben Yoko sitzen und stellt sich nicht wie vorher zu Paul ans Mikro. Einmal schaffen sie TWO OF US (2:52) komplett durch (daß Johns Gesangseinsatz zu früh kommt, wird einfach ignoriert), dann beginnen sie, an den Gitarren und den Harmonien zu arbeiten, außerdem an der Middle-Eight, die John nicht gefällt. Auf Pauls Initiative wird ein komplizierter dreistimmiger Gesang versucht, doch George hat Zweifel, ob sie das live hinkriegen: „Vielleicht können wir ein paar von Ray Charles' Backgroundsängerinnen kriegen!" John will lieber männliche Sänger haben. Sie sind alle bei bester Laune, und entsprechend gutgelaunt (wenn auch instrumental unsauber) klingen die nächsten Proben, darunter zwei Komplettdurchläufe von TWO OF US (2:52 / 2:52) – beim letzten Versuch singen Paul und John die dritte Strophe versehentlich doppelt und jauchzen sich fröhlich dem Ende entgegen. Paul ist aber dennoch weiter zu ernsthafter Arbeit imstande, er überlegt, ob man sich nicht bei den Proben jetzt doch wieder in ähnlichen Positionen aufstellen sollte wie später beim Live-Auftritt. George fällt dazu ein: „Wir müssen auch noch unsere Tanzschritte lernen!" Paul, immer in der Lage, Scherz und Ernst gegeneinander auszutarieren: „Und die Witze zwischendurch."

Beim Intrumentestimmen fürs nächste Stück kaspert John wie am Vortag an BAA, BAA, BLACK SHEEP (0:21) herum. George will wissen: „Wer ist Blüthner?" Der Name steht nämlich auf dem Klavier; George findet, das sieht aus wie der Schriftzug einer Ölgesellschaft. Auf zwei Fehlstarts folgt eine Komplettprobe von DON'T LET ME DOWN (3:07), verziert mit noch ausgefeilterem Wah-Wah-Spiel von George als zuvor, und es klingt wiederum sehr routiniert, wenn man davon absieht, daß John seinen Text nicht beherrscht und zur Selbstkarikatur neigt wie häufig, wenn er guter Laune ist. Mit karikaturistischem Gehabe kündigt John auch gleich die nächste Nummer an, SUZY'S PARLOUR (2:25), offenbar eine ad-hoc-Zusammenmischung von Rock'n'Roll-Standardphrasen, die die Beatles wie im Schlaf beherrschen; John singt dazu in näselndem Pseudoamerikanisch einen passenden Text. (Eine gekürzte Fassung dieses hübschen Moments ist in dem Film *Let It Be* zu sehen und zu hören.)

Einmal in bester Spiellaune, lassen die Beatles gleich einen Komplettdurchlauf von I'VE GOT A FEELING (3:50) folgen, dem auch Johns Verwirrung, wo sein Gesangspart einzusetzen hat, und weiteres nasales Gekasper nicht viel anhaben können; Paul kreischt sich wie immer bei diesem Stück die Seele aus dem Leib. (Ausschnitte dieser Probe tauchen ebenfalls im Film *Let It Be* auf, zusammengeschnitten mit einer Probe vom Vortag.) Bei der folgenden Detailarbeit will Paul von John ein gleichmäßiger absteigendes Gitarrenriff am Ende der Middle-Eight haben, aber John kriegt das einfach nicht hin, und Pauls Vorschlag, es mit George im Duett zu versuchen, macht es auch nicht leichter. Paul möchte, daß das Riff klingt wie Weinen. Auf endloses Probieren folgt ein weiterer Komplettdurchlauf von I'VE GOT A FEELING (2:05+), der aber keine merkliche Veränderung zum vorherigen bringt. Mehr ist für den Moment nicht drin, also machen die Beatles das, was ihnen immer am meisten Sicherheit gibt – sie spielen sich nach zwei Fehlstarts kurz mal eben durch ONE AFTER 909 (1:22+), was so beschwingt ausfällt (inklusive nasaler Gesangseinlagen von John), daß Teile auch dieser Probe im Film *Let It Be* verwendet werden.

Und nun? George schlägt „das mit *Bathroom Window*" vor. John setzt sich ans Klavier; Paul vertreibt sich die Zeit, indem er kurz die Baßmelodie von NORWEGIAN WOOD (THIS BIRD HAS FLOWN) (0:37+) nudelt, und sofort spielen George und Ringo animiert mit. Dann aber zählt Paul einen Komplettdurchlauf von SHE CAME IN THROUGH THE BATHROOM WINDOW (2:09+) an, der sehr routiniert, aber ein bißchen fade ausfällt. John stört irgendwas am Klaviermikro, und während die Techniker dran herumfummeln, knurrt sich Paul eben durch einige Zeilen von Gene Vincents BE BOP A LULA (0:35); Ringo und George murkeln mit. Paul wird ungeduldig, weil das Problem mit Johns Mikro ein paar Sekündchen länger dauert, aber dann ist John endlich zufrieden, zählt auf deutsch „ein, zwei, drei, vier" und beginnt mit krächzender Stimme eine weitere, eher parodistische Probe von SHE CAME IN THROUGH THE BATHROOM WINDOW (2:21+), textlich bestritten durch einen schrillen Wechselgesang von John und Paul mit verstellten Stimmen. Paul hat sich nun komplett von Johns Alberei anstecken lassen, die beiden kaspern herum. Paul mit verstellter Stimme: „Hallo, hier spricht Dienstag. Ist da Paul? Ich hätte auf ein Wörtchen mit dir zu reden." John: „Ich hab ein bißchen was im Garten." Paul: „Ich hätte was von Interesse für dich. Das Wort heißt ‚Los‘." John: „Zwei Zwerge." In dieser Stimmung initiiert Paul einen weiteren Durchlauf durch SHE CAME IN THROUGH THE BATHROOM WINDOW (2:16) in stark verlangsamtem Tempo und mit improvisierten Textänderungen. „Okay, einmal noch – mit Gefühl", gackert Paul, und es folgt eine weitere, partiell ernsthaftere Probe von SHE CAME IN THROUGH THE BATH-ROOM WINDOW (0:21+), die aber nicht verheimlichen kann, daß die allgemeine Stimmung für alles geeigneter ist als für die Verbesserung ihrer Songs. Zudem ist es kurz nach 13 Uhr, also Zeit für die Mittagspause. Paul legt noch eine kurze Elvis-Parodie hin; irgendwer meint, Elvis habe Geburtstag (was nicht ganz stimmt), und Paul singt: „God bless our gracious king!"

Nach der Pause macht George den Vorschlag, das Jam-Stück vorzunehmen, das sie zwei Tage vorher gespielt haben: GET BACK (1:48). Paul hat zwischenzeitlich offenbar nicht dran gearbeitet, aber als Ergänzung des „California grass", das ihm bei der ersten Jam eingefallen war, baut er jetzt auch noch den Studienort seiner Freundin Linda Eastman ein: „I left my home in Tucson, Arizona". Das Stück klingt ziemlich heavy. Nach ganz kurzer Zwischenabsprache folgt eine noch schroffere, auch chaotischere Jam-Fassung von GET BACK (5:00), bei der Paul erst nach knapp zwei Minuten seinen fragmentarischen Text zu singen beginnt; im Anschluß an die Textfragmente hat George ausgiebig Gelegenheit zu Gitarrensoli. George will von Paul wissen, worum's in dem entstehenden Song geht, aber Paul meint, er habe ja noch kaum Text: „Ich weiß nicht, um was es geht, es geht ums Weggehen, und dann natürlich das Zurückkommen." George: „Dann haben wir eben nur diesen Text, irgendwelche Wörter, wie bei *Caledonia Mission*. Das hat überhaupt keinerlei Sinn, das ist nur Abfall." George spricht hier – natürlich! – wieder einmal über ein Stück von The Band.

Paul startet unterdes wieder mit GET BACK (5:14), singt diesmal gleich zu Anfang seine Textfragmente, denen er neue Bruchstücke hinzufügt: „hmm hmm hmm hmm ha came from Puerto Rico", „Puerto Rico man", „hmm hmm hmm hmm ha was a Pakistani", „go go land", „do do English jobs, only Pakistanis". Zusammen mit der Schlüsselzeile „get back to where you once belonged" läuft das nun auf einen Song zum Thema Rassismus zu, ein Thema, das an diesem Tag in der Zeitung ausgebreitet wird: Premierminister Harold Wilson hat tags zuvor die rassistische Rede des konservativen Abgeordneten Enoch Powell kommentiert, der schon im April 1968 gefordert hatte, alle Commonwealth-Migranten aus England zurück in ihre Herkunftsländer zu schaffen. Paul probiert offenbar (nicht unbedingt ganz bewußt) aus, ob sich die Slogans von Powell satirisch nutzen lassen zu einem Anti-Rassismus-Song.

Nach kurzer Abstimmung mit George über Struktur und Instrumentierung startet Paul die nächste GET-BACK-Jam (3:38+), in der neue Textfragmente auftauchen: „Johnny Joey left his home in Arizona / And he knew it couldn't last", „travel home", „Don't dig no Puerto Ricans / Living in the U.S.A." John findet offenbar Gefallen an dem Rassismus-Thema; er schreit in die Runde: „Will keine Schwarzen!" Paul und George antworten gackernd mit den schon im entstehenden Song verwursteten Slogans über Pakistanis und Arbeitsplätze, und so in Fahrt gebracht, jammen sie noch ein weiteres Mal GET BACK (3:56), wieder mit neuen Textideen: „All the folks around say Bahia Mohicans / Living in the U.S.A.", „Don't dig no Pakistanis / Taking all the people's jobs". Das, was die Beatles hier spielen, ist immer noch weitgehend eine Session auf der Basis frei variierbarer Riffs und instrumentaler Ideen, aber es kristallisiert sich doch auch eine Song-Ebene heraus.

Als sie mit dieser letzten Jam fertig sind, fragt Glyn Johns nach *Let It Be*. Paul weiß angesichts des plötzlichen Themenwechsels erst nicht, was er sagen soll, und meint dann, dafür habe er auch noch keinen kompletten Text. George findet, die Teile seien aber sehr schön. Also feilen Paul und George kurz ein wenig am Riff von LET IT BE (0:57) herum. Während Paul noch die Baßnoten zupft, bringt George das Gespräch plötzlich auf ein ganz anderes, von ihm kaum zu erwartendes Thema: „Wäre es uns nicht möglich, wenn wir an einem groovigen Ort sind und die Leute sowieso spielen müssen, daß wir die Show aus Bruchstücken all dessen zusammenstellen, was wir gemacht haben? Oder müssen wir's in einem zusammenhängenden Stück machen?" John meint, sie könnten beides machen: „Wir können ein Ding auf die Beine stellen und sagen: dies ist die Show. Dann machen wir so etwas wie die Generalprobe. Und dann noch eine Probe. Weißt du, wir machen's sozusagen originalgetreu, wie's ist. Wir können's dreimal machen. Und dann mal sehen, ob vielleicht gerade jemand da ist, der Klavier spielen kann; dann nehmen wir den einfach mit rein – laßt uns einen Gig machen." George will noch einwerfen, Twickenham hier sei doch eigentlich schon ein „grooviger Ort", doch das geht in Johns Worten unter, und mehr will zu dem Thema im Moment niemand sagen. Die Zeichen stehen auf Musik, nicht auf Diskussion.

John spielt ein Gitarrenriff à la Carl Perkins, und daraus entwickelt sich eine träge und schräge Instrumentaljam (4:10), die versandet, als Paul von Kopfschmerzen zu reden beginnt und von einem Lied, das er für den Portugiesen Carlos Mendes geschrieben hat. Das Lied heißt wie das Hotel, in dem Paul und Mendes abgestiegen waren, und nachdem Paul das erzählt hat, stimmt er natürlich das Liedchen an: LA PENINA (1:06). Die anderen Beatles spielen mit, und es schließt sich gleich noch eine weitere kurze Instrumentalimprovisation (0:30) an, getragen von einem Blues-Riff Johns. John ist heute merklich aktiver und läßt sich gleich noch eine Ansage einfallen: „Guten Tag. Ich möchte Sie im Übungsraum der Beatles und ihrer Entourage begrüßen. Sie starten gerade eine neue Nummer, *Across The Universe*."

Also wird jetzt ein ganzes Weilchen ACROSS THE UNIVERSE geprobt, und zwar zunächst mit abgebrochenen Teilversuchen, die wie weggetreten klingen – haben die Beatles zu Mittag etwas getrunken? Als Wachmacher wird kurz eine parodistische Kurzversion von ACROSS THE UNIVERSE (0:51) in doppeltem Tempo gespielt, die aber auch wieder in Trägheit und dann in improvisierten Soundfitzeln versickert. George rafft sich schließlich zu einem Einwand auf: „Die Harmonien – mir gefällt der Harmoniegesang nicht." John: „Was gefällt dir nicht an den Har-Mo-Ni-En?" George beginnt mit einer peniblen Erläuterung, aber John fällt ihm ins Wort und äfft ihn nach: „Aha – irgendwo – ah was – Details, George – welche jetzt kommen werden ..." Auch Paul mokiert sich mit verstellter Stimme: „Bitte erläutere das minutiös!" George ist dabei, genau das zu tun, doch niemand hört zu. John und Paul scheinen eher in Jam-Stimmung als zu detaillierter Probenarbeit bereit zu sein und legen noch eine up-tempo-Version von ACROSS THE UNIVERSE (0:29) im easy-listening-Stil hin, dann will John aber doch – nun ohne Quatsch – von Paul wissen, ob er im Refrain nicht eine zusätzliche Oberstimme hinkriege; Paul probiert es. George hat auch einen Vorschlag, er meint, John solle doch in die Wüste gehen und da den Song fertig kriegen.

Die eigentliche Wüstenei ist aber Johns Song und sein zusehends lethargischerer Zustand. Paul sucht Zuflucht in Quatschversionen seiner unveröffentlichten Songs TEDDY BOY (0:15+) und JUNK (0:16), beide im Jahr zuvor in Indien entstanden, dann folgt eine unterirdisch schlechte, wie im Halbschlaf gespielte Komplettprobe von ACROSS THE UNIVERSE (3:42).

John schlägt Ringo Veränderungen an seiner Trommelei (die noch das geringste Problem ist) vor, aber das ist alles keine Rettung, und John fragt: „Wollt ihr was anderes machen?" Paul aber will's noch einmal probieren, etwas schneller. Ein minimal beschleunigtes Durchspiel von ACROSS THE UNIVERSE (3:32) ist nicht wirklich inspirierter, Stimmungswechsel tut not, also improvisiert John ein krachiges Ständchen für ihren Musikverleger Dick James mit der Eingangszeile „Shakin' in the sixties" (0:38), gefolgt von zwei Rock'n'Roll-Fetzern, Cliff Richards MOVE IT (0:52) und Roy Browns GOOD ROCKIN' TONIGHT (0:51). Zwischendurch hat George gefragt, ob sie müde seien, und empfohlen, weniger Wein zu trinken; aber jetzt sind sie wach – und albern. Sie blödeln herum, die Westernhelden John Wayne und Robert Mitchum fallen ihnen ein, und unter Federführung von John parodieren sie Carl Perkins' TENNESSEE (2:00).

Und nun? Paul singt eine Zeile aus *Across The Universe*, doch davon hat John die Schnauze voll. Als er seinen „Plan" durchgeht, schreit er belustigt auf: „*I Me Mine!*" Ringo trommelt den Rhythmus, John schlägt die ersten Akkorde von Georges Song an, biegt aber sogleich ab und macht daraus mit Pauls karikaturistischer Gesangshilfe eine kraftvolle, wenn auch parodistisch übersteigerte Version des Animals-Klassikers HOUSE OF THE RISING SUN (2:43). Paul meint, jetzt könnten sie an *I Me Mine* gehen, doch das tun sie nicht (den Song werden die Beatles überhaupt nie wieder spielen); George möchte auch lieber seinen anderen neuen Konzertkandidaten proben, *For You Blue*, vielleicht weil der offensichtlich auch John gefallen hat, und fragt die Techniker: „Haben wir schon die Vorrichtungen für Akustikgitarre?" Haben sie nicht, und George diskutiert die technischen Probleme mit Glyn Johns.

Paul nutzt die Verzögerung zur Improvisation eines ad-hoc-Songs mit dem Ein-Wort-Refrain „Commonwealth" (3:36), in dem er nochmals die politische Debatte um die Immigranten aufgreift: „Tonight Enoch Powell told the immigrants / Immigrants, you better go home / Tonight Harold Wilson said to the immigrants / You better get back to your Commonwealth homes / Yeah yeah yeah he said you better get back home" und so weiter, inklusive des Kommentars „dirty Enoch Powell, and he's had enough of Parliament". Ringo und John legen eine tadellose, leicht reggae-artige Begleitung hin, und auch textlich findet Paul Unterstützung bei John, der sichtlich in seinem Element ist und gleich noch einen kleinen Blues mit der einzigen Textzeile „Oh Enoch Powell" (0:22) anfügt.

George ist inzwischen bereit für *For You Blue* und spielt das Riff, doch Paul und John überführen diese Session sofort in eine improvisierte Blues-

Jam, bei der ein geschrienes „Get off!" (5:58+) als Ankerpunkt dient. Paul führt das Rassismusthema fort, indem er „white power" murmelt und dann Namen bekannter Schwarzer singt, auf die John immer mit „Get off!" antwortet. John wirft aber auch selbst Namen ein, und es entwickelt sich eine Art Wettstreit, wem die witzigeren Namen einfallen – sie beschränken sich nicht lange auf Schwarze, sondern tragen ein buntes Kaleidoskop aus Politikern, Schauspielern, Musikern und Personen des eigenen Umfelds zusammen. Einmal ruft John sogar seinen eigenen Namen; Paul antwortet auf die von John hervorgestoßenen Namen mit der Floskel „Can you dig it?"

Inzwischen ist es 15:45. George, der schon bei einem kurzen Break der Session vergeblich versucht hat, mit seiner Nummer anzufangen, versucht es erneut und wird wieder ignoriert. Paul hat ein Problem mit den Verstärkern, die Rückkopplungen erzeugen: „Der Lärm ist etwas zu laut für mich." John, sarkastisch: „Dann steig aus der Gruppe aus, wenn's dir nicht gefällt!" Paul fängt nochmals mit der Jam über „Get off!" (1:19+) an, diesmal werden die verhunzten Namen von Kollegen geschrien („Eric Cargo", „The St. Buttersfield Cargo", „The Incredible String Vest"); George versucht, mit *For You Blue* dagegen anzuspielen, geht aber unter. „Okay", sagt John schließlich und reißt die ganze Band mit zu einer sehr inspirierten Fassung von Big Joe Turners HONEY, HUSH (2:09). Und dann endlich ist George dran mit seinem eigenen Blues. Der erste Versuch bricht ab, weil Paul Georges Gesang nicht laut genug findet, aber George will das so, und es folgt eine sehr beschwingte Komplettprobe von FOR YOU BLUE (2:05). Der Text ist noch nicht ganz vollständig, und als sie fertig sind, findet John: „Ziemlich kurz, oder?" George möchte das Stück in der Show doch lieber akustisch spielen (seine Weigerung, mit eigenen Nummern zum Konzert beizutragen, gilt in der Tat nicht mehr), aber jetzt spielt er die Eingangsriffs nochmals elektrisch, während Paul am Baßpart herumprobiert, woraus sich eine kurze Gruppenimprovisation über Marvin Gayes HITCH HIKE (0:30) entwickelt. Nun aber schnappt sich George doch die akustische Gitarre und spielt darauf eine Soloversion von FOR YOU BLUE (1:20), bei der Paul am Ende mitsingt. Dann fällt George noch etwas anderes ein: „Sollten wir vielleicht auch Stücke von anderen Leuten spielen in der Show?" John: „Ich kann keine. Ich kann's nur gerade eben ertragen, eure Songs zu spielen." George muß lachen, er meint aber, fremde Songs seien manchmal besser als die eigenen. Paul: „Darum lern ich die gar nicht." Und noch einmal spielt George FOR YOU BLUE (2:37), singt aber nur zeitweise, weil er mitkriegen will, was Paul gleichzeitig erzählt.

Paul rezitiert irgend etwas, Tee wird ausgeschenkt, John mundet der jedoch nicht: „Das ist nicht Daddys Tee, oder?" Yoko: „Nein." John: „Daddy mag diesen chemischen Tee nicht, wißt ihr." Nicht ganz klar ist speziell an diesem Tag, wieviel Ernst sich hinter Johns Kaspereien verbirgt. Zumindest ist der Tee heiß genug, um ihn (vermutlich mit einem Seitenhieb auf Georges Gerede von Akustikgitarren) wieder in Fahrt zu bringen: „Ich möchte eine Nummer nur auf der elektrischen Gitarre machen!" Und er improvisiert eine Art Heavy-Metal-Krachorgie mit einem Break, bei dem er die Zeile „They'd be messing around" (0:28) ausruft. Als George dann auf der akustischen Gitarre ein kurzes Instrumentalstück (0:28) improvisiert, trägt John aber wohlwollend einige Schnörkel bei, beginnt dann ALL TOGETHER NOW (0:07+) zu singen und schrammelt gelangweilt Riffs auf der E-Gitarre.

Paul hat inzwischen die Idee geäußert, George und John könnten irgendwas auf zwei Akustikgitarren machen. George hat seine immer noch in der Hand und spielt und singt sein unveröffentlichtes RAMBLIN' WOMAN (2:31), womit er schließlich die Aufmerksamkeit seiner Bandkollegen auf sich zieht – John hört mit seinen Riffs auf, die anderen lassen das Gequatsche. Also macht George gleich noch weiter, mit zwei Dylan-Songs, I THREW IT ALL AWAY (2:06) und MAMA YOU BEEN ON MY MIND (1:58); beide hat er sich vermutlich von Dylan persönlich beibringen lassen, als er zu Erntedank 1968 bei ihm zu Besuch war.

Paul setzt sich unterdessen ans Klavier und schlägt, als George fertig ist, die Akkorde von LET IT BE an, dem Stück, das in den nächsten 75 Minuten erstmals von der kompletten Band geprobt wird. George hat am Vortag schon einen Gitarrenpart dazu entwickelt und fragt: „Wer spielt Baß?" John erklärt sich dazu bereit. Während George und John noch mit der Vorbereitung ihrer Instrumente beschäftigt sind, geht Paul mit Ringo den Drumpart durch. George erkundigt sich nach der Uhrzeit (es ist jetzt etwa 16:15), dann sind er und John auch soweit, daß sie eine rudimentäre Begleitung mitspielen können. Paul sagt John die Akkorde an, versichert ihm, es sei nicht schwierig, versucht dann, das Stück ganz durchzuspielen, wobei er die zweite Strophe, deren Text er immer noch schreiben muß, als „la-la-la" vokalisiert. Als John einen Harmoniegesang zugibt, klingt der allerdings so schräg, daß Paul erst einmal abbricht und detailliert den zweistimmigen Harmoniegesang übt – George soll die höhere, John die tiefere Stimme singen. Einen zweiten Komplettversuche bricht Paul gleich wieder ab, überlegt dann, ob der Song nicht mit einem mehrstimmigen Gesangspart anfangen könne. Das wird probiert und der Erfolg dann über Kopfhörer überprüft (sie können sich ihre Proben jetzt endlich per Playback einspielen lassen), es sind aber weitere Verbesserungen nötig. Paul wünscht sich ausdrücklich so etwas „wie Kirchengesang".

Bei diesen Detailproben am Gesang hat Ringo nichts zu tun und plaudert derweil über Film- und andere Themen mit Lindsay-Hogg und Glyn Johns, der ihm schließlich verrät, daß ihr Gespräch mit einer Art Wanze mitgeschnitten wird (die technische Ausrüstung verbessert sich auch in Bereichen, die nicht im Sinne der Beatles sind!). Ringo gefällt das gar nicht; es gelingt ihm nicht wirklich, witzig zu klingen, als er sagt: „Also, ich hau jetzt ab."

Die Proben an LET IT BE kommen derweil nicht wirklich voran; am interessantesten klingen noch Georges Versuche, die Songmelodie als Gitarrensolo zu intonieren, aber das ist wohl kein ernsthafter Begleitversuch, sondern eher Beschäftigungstherapie, während Paul und John die zunehmende Langeweile mit Quatscheinlagen bekämpfen – John spielt Rock'n'Roll-Riffs, und Paul karikiert seinen Text, indem er (wie von John am Vortag vorgeschlagen) „Brother Malcolm" besingt. George, der sich bei der degenerierenden Probe überflüssig fühlt, geht zu Ringo rüber und läßt sich das heimliche Mikro zeigen. Denis O'Dell macht ihm weis, es sei nirgendwo angestöpselt.

Paul hat jetzt wieder angefangen, LET IT BE zu singen, doch als John immer noch Rock-Riffs dazu zupft, läßt Paul sich doch zu einer Einlage hinreißen – die beiden vergnügen sich an einer lässigen Fassung von Buddy Hollys THAT'LL BE THE DAY (2:14), einem kurzen Schnipsel aus I'VE GOT A FEELING (0:16) und einem flotten Medley aus zwei Little-Richard-Songs, JENNY JENNY und SLIPPIN' AND SLIDIN' (2:22), bei dem nun auch Ringo und George an ihre Instrumente zurückkehren. Alle vier Beatles sind wieder bei der Sache, also macht Paul mit LET IT BE weiter, wobei ein erster Komplettversuch allerdings versandet, weil John erst rumalbert und dann wissen will, wer wo seinen Einsatz hat. Es folgen weitere Detailtests und Teilversuche, bei denen Paul Ringos Schlagzeugbegleitung glättet, wieder an den Vokalparts arbeitet und auch Johns Versuche am Baß Note für Note nachbessert. Zur Auflockerung macht Paul sich immer wieder über seinen eigenen Text lustig, aber alle vier arbeiten jetzt sehr konzentriert an dem Song. Auf Pauls Geheiß spielen sie einmal komplett durch LET IT BE (2:15). Ausgerechnet George meint, es sei doch ziemlich kurz, und Paul stimmt zu: „Es braucht noch irgendwas Zusätzliches." John: „Orgel – ich spiel Orgel und laß das mit dem Baß." Aber diese Idee wird nicht umgesetzt. Paul versucht, etwas säuseliger noch einmal durch den Song zu kommen, muß aber abbrechen, ebenso bei einem weiteren Versuch, und dann sagt er John ein weiteres Mal die Akkorde an.

George schlägt Varianten für Ringos Cymbals vor, und da Paul eine kleine Pause braucht, proben George, Ringo und John ein Weilchen ohne ihn weiter. Als Paul wieder da ist, wird relativ fruchtlos am ungelösten Problem des Schlusses herumprobiert. George amüsiert sich mit passenden Gitarrensoli; als Paul aber nochmals eine Fünfminutenpause vorschlägt, möchte George lieber Feierabend machen. Paul ist einverstanden, also spielen sie nur zum Abschluß LET IT BE (2:35) noch einmal komplett durch und stellen fest, daß es eigentlich schon ganz ordentlich klingt. Und das war's dann für heute, es ist schon halb sechs. Beim Rausgehen wird Yoko Ono plötzlich ganz vergnügt und entschuldigt sich für ihre (und damit Johns) Verspätung am Morgen; Paul meint nur, das sei er ja gewohnt, müsse aber morgen nicht so sein. John: „Okay, wir kommen." Yoko: „So gegen zehn."

Zu Ende ist ein Arbeitstag, dessen Fazit nicht ganz leicht zu ziehen ist. Die Stimmung ist sehr fidel, es gibt keinerlei offene Mißklänge; unter der Oberfläche scheint aber irgend etwas zwischen John und George zu schwelen, zumindest seit der Mittagspause (ist da irgend etwas vorgefallen?), denn John durchsetzt seine Albereien mehrmals mit kleinen Sticheleien gegen George. Paul scheint ein bißchen hin- und hergerissen, wem er beispringen soll; einerseits arbeitet er an diesem Tag problemlos und unter allen Anzeichen gegenseitiger Rücksichtnahme mit George zusammen, andererseits erwacht aber auch immer dann, wenn John rumzualbern beginnt, die alte Kumpanei zwischen John und Paul zum Leben, und zwar notfalls eben auf Kosten von George. Im Zeichen dieser Kumpanei stehen auch die inspirierten Jam Sessions dieses Tages, deren fruchtbarster Teil die gemeinsame Arbeit an *Get Back* ist, einer Nummer, die noch keinen ausgeprägten Songcharakter hat, sondern mehr eine gut funktionierende Improvisationsbasis ist. Davon abgesehen bringt der Tag musikalisch wenig Fortschritt. *Don't Let Me Down, I've Got A Feeling* und *One After 909* haben die Beatles zwar weiterhin bestens intus (dies so sehr, daß sie diese Nummern kaum noch ohne satirische Zugaben spielen), und *She Came In Through The Bathroom Window, For You Blue* und *Let It Be* nähern sich einem präsentablen Niveau, aber bei *Two Of Us* und *Across The Universe* treten sie auf der Stelle, und John hat immer noch keinen neuen Beitrag zu bieten.

Ausbrüche

Freitag, 10. Januar 1969, Filmstudio Twickenham

Wieder ist Paul als erster Beatle in Twickenham; außerdem anwesend ist Dick James, der Musikverleger der Beatles, und die beiden unterhalten sich über den Ankauf von Musikrechten. Als Ringo hinzukommt, wendet sich das Gespräch dem Fernsehprogramm des Vorabends zu. Da Zsa Zsa Gabor in einer Talkshow aufgetreten ist, fällt Paul ein, wie sie sich im Vorjahr benommen hat, als sie mit ihrer Tochter Francesca das EMI-Studio in der Abbey Road besuchte – vor fremden Leuten habe sie ihre Tochter getadelt, sie trage Kleidung, die dick mache. Also fangen sie an, über Kindererziehung zu sprechen.

In einer Gesprächspause fragt Paul Ringo: „Hat Neil dich gestern abend angerufen?" Neil Aspinall ist der persönliche Assistent der Beatles und regelt ihre Geschäftsangelegenheiten. Ringo: „Nein." Paul: „Schlechte Neuigkeiten von der Geschäftemacherszene." Sie können nicht offen sprechen, also wendet sich das Gespräch wieder unverfänglichen Themen zu. Dick James erklärt Michael Lindsay-Hogg, wie seine Arbeit für die Beatles funktioniert – sobald eine Aufnahme fertig ist, bekommt er eine Acetat-Schallplatte davon, läßt Text und Noten transkribieren, und die Transkriptionen werden dann gedruckt und verkauft.

Nach mehr als einer halben Stunde trägen Gequatsches setzt Paul sich ans Klavier und beginnt mit seinen üblichen Etüden. Er spielt zur Fingerübung erst einmal zwei Improvisationen (1:30 / 0:37), dann THE LONG AND WINDING ROAD (2:36), LET IT BE (1:50), eine Klavier-Solofassung von DON'T LET ME DOWN (1:50), MAXWELL'S SILVER HAMMER (1:37), I'VE GOT A FEELING (2:30) und nochmals THE LONG AND WINDING ROAD (1:41). Unterdessen ist George dazugekommen und beklagt sich wortreich über Privatmitschnitte und chinesische Raubkopien ihrer Platten – zusammen mit Ringo überlegt er, ob es nicht eine Art Kopierschutz geben könne (Apple-Elektronikchef Alexis Mardas hat das behauptet). Dann fällt George etwas anderes ein: „Arbeiten wir morgen?" Ringo: „Nein!" George erwähnt, es stehe ein Arbeitstreffen mit einem amerikanischen Geschäftsmann an – vielleicht Lindas Bruder John Eastman, jedenfalls noch nicht Allen Klein. In diesem Moment erscheint John (mit Yoko), und George fragt ihn gleich: „Hat Neil dich gestern abend angerufen?" Offenbar nicht. George wechselt kurz das Thema, erzählt John etwas von

Wah-Wah-Pedalen, spricht dann plötzlich leiser: „Äh, Neil möchte, daß wir uns morgen, äh, rasieren. Treffen. Wegen dieses Indian-Joe-Typen. Morgen." John: „Sonnabend?" George: „Ja. Bloß weil wir den nächsten Tag beschäftigt sind. Er war ziemlich aufgeregt." John: „Gute Neuigkeiten?" George: „Ja. So gut, daß ich – also, ich müßte es dir aufschreiben, und du müßtest den Zettel dann runterschlucken." Offenbar sind keine Mitwisser gefragt.

Paul hat inzwischen seine Klavierübungen kurz unterbrochen, um mit Dick James über den Preis von Musikrechten zu sprechen, die ihre Firma gerade eingekauft hat, spielt während des Gesprächs eine improvisierte Fingerübung (1:43), um das Echo auszutesten, und dann eine Klavierfassung von GET BACK (1:39), zu der er einige der bisher ersonnenen Textfragmente singt, allerdings nicht die ‚politischen'. Einer der Akkorde gefällt Paul nicht, erläutert er Glyn Johns, er möchte eine direktere Wirkung, als würde Pete Townshend das Stück spielen. Paul improvisiert noch etwas über GET BACK (3:39), dann im Stop-and-Go-Verfahren über I'VE GOT A FEELING (0:25), weil er meint, da müsse auch noch etwas nachgearbeitet werden, und erneut über GET BACK (3:30).

Die anderen drei Beatles und Dick James haben sich die Zeit mit einem Gespräch über Cover-Versionen von Beatles-Songs und über teure Autos vertrieben (Hauptredner ist George), aber als Paul sie jetzt fragt, ob sie mit der Arbeit anfangen wollen, sind sie einverstanden. Paul zupft eine schnelle Baßmelodie, Ringo trommelt dazu, und Paul überführt diese Improvisation in eine Variante von GET BACK (1:26). Eine zweite, zunächst mehrfach stockende Improvisation in trägem Tempo, an der sich nach einiger Zeit auch John beteiligt, entwickelt sich zu einer Jam-Version von I'VE GOT A FEELING (4:53) in verändertem Gewand gemäß den Ideen, die Paul sich zuvor am Klavier ausgedacht hat. Als die Improvisation abbricht, hat Paul eine Frage an John: „Könnt ihr euch in dem Sack eigentlich sehen?" John: „Ja!"

John spielt ein rockiges Riff als Grundlage einer kurzen gemeinsamen GET-BACK-Improvisation (0:42). Paul schlägt vor, dieses Stück systematisch zu proben, und bei dem Versuch kommen drei ausgesprochen fetzige Teilfassungen von GET BACK (0:45 / 2:23 / 3:03) und mehrere Fehlstarts zustande. Paul will, daß die Nummer heavy klingt, besonders am Anfang, der John bei den ersten Versuchen sehr gefällt. Paul singt die bisher zusammengetragenen Textfragmente (einschließlich des Wörtchens „Pakistani") und wortlose Laute; auch John, der sich bei dem Stück sichtlich wohlfühlt, singt mit. Paul hat ein Problem mit den Akkorden, die zum Refraingesang „get back" gespielt werden, er meint, so etwas hätten sie schon mal bei einem anderen

Song gemacht. George: „Davon gibt's viele." Paul: „Da gab's einen, weißt du. Und das ist passé, das haben wir vor ein paar Jahren gemacht." George versucht, gegen Paul anzuargumentieren, doch der läßt sich darauf nicht ein und probt lieber weiter. Von George möchte Paul, daß er die off-beat-Noten spielt, weil er sonst zusammen mit John Pauls Gesang übertönt. George meint, dann brauche er wohl Eric Clapton. Paul: „Nein nein, wir brauchen, äh ..." John: „George Harrison!" Paul: „Wir brauchen George Harrison – der aber ganz einfache Sachen machen soll, bis er mit seinem Solo dran ist. Denn sonst kommt sich die Gitarre mit dem Gesang ins Gehege." George: „Eigentlich brauchst du nur eine Gitarre." Paul: „Ja, aber – wenn du den off-beat machst, mit Ringo, dann machen wir den Rest." Sie versuchen diese Methode, und da George immer noch nicht ganz überzeugt ist, demonstriert Paul ihm das Rhythmusgefüge, das ihm vorschwebt, auch noch an einigen Takten SHE'S A WOMAN (0:14).

Die Probenarbeit an GET BACK setzt sich mit diversen Detailversuchen fort. Paul will John den Text diktieren, soweit er ihn schon hat. John: „Das mit den Pakistanis ist gut." Paul: „Ja, und den Puertoricanern." Als Paul die Strophe mit der Frau, die ein Mann war, singt, meint er, das passe eigentlich nicht zu dem Immigrantenthema, und singt in den folgenden Sessions vornehmlich die Pakistanerstrophe, die aber immer noch Fragment ist, auch wenn Paul jetzt die neue Zeile „living in a council flat" hinzufügt. Für die Figuren der beiden nichtpakistanischen Strophen kommt er jetzt auf die Namen Loretta Marsh und Jojo Jackson; zusammen mit John versucht er, die Strophen zu vervollständigen, nur bei der Immigrantenstrophe, wo jetzt von „twenty Pakistanis" die Rede ist, kommen sie nicht recht weiter. Es reicht aber, um GET BACK (3:40) einmal komplett durchzuspielen, wobei bemerkenswerterweise John den Leadgesang übernimmt; das Stück ist ein echter Rocker, der jetzt deutlich den Charakter eines strukturierten Songs annimmt, im letzten Drittel aber noch Raum für Improvisationen läßt, den hauptsächlich George mit inspiriertem Gitarrenspiel füllt.

Die Beatles, hellwach und bei bester Arbeitslaune, zerstreuen sich mit einer Fassung von Tommy Tuckers HI HEEL SNEAKERS (2:49+), bei der John überraschend den kompletten Text zusammenbekommt, und dem Solo aus LONG TALL SALLY (0:33), weil Paul meint, so etwas ließe sich vielleicht auch in den neuen Song einbauen. „Yeah, get back!", ruft John, und sie entwickeln über das Thema eine zerklüftete Improvisation (1:27), die wiederum John mit einem „Okay!" beendet, um die Probenarbeit fortzusetzen. Nach einigen Fehlstarts gelingen ihnen zwei ausgesprochen packende, nahezu komplette Versionen von GET BACK (3:16 / 2:40), wiederum mit John als Leadsänger; zwischendurch korrigiert Paul Ringos Schlagzeugarbeit und schlägt zur Einleitung des Refrains ein Gitarrenfeedback à la *I Feel Fine* vor, das sich in der Tat als Bereicherung entpuppt. Weiter geht es mit Detailfummeleien. Paul findet die Strophen nicht abwechslungsreich genug, er zupft seinen Baß auf der Suche nach Ideen, gerät dabei unversehens an das THEME FROM 'THE BEATLES' CARTOON (0:20), das die Kollegen flott mitspielen, und ruft dann zu einem weiteren Durchlauf auf. Zweimal spielen sie sich komplett und sehr beschwingt durch die fetzige Version von GET BACK (2:03 / 2:36), die sie jetzt zusammen haben, beide Male wiederum mit John als Leadsänger, arbeiten zwischendurch außerdem am Schlagzeugintro (alle machen hier Vorschläge, sogar George). Eines der Gitarrenriffs, die dabei abfallen, erinnert John an eine Schnulze Perry Comos, die er kurz singt und spielt: CATCH A FALLING STAR (0:13). Mehrere Versuche, GET BACK nochmals durchzuspielen, zerfasern oder brechen ab; die Konzentration scheint nachzulassen. Je mehr ihre neue Nummer die klar umrissene Gestalt eines echten Songs annimmt, desto mehr müssen die Beatles natürlich auch die Improvisationslaune zügeln, aus der diese Nummer ursprünglich entstanden ist. Auf Pauls Ausruf „ein letztes *Get Back* jetzt!" folgt dann mit einer gewissen Folgerichtigkeit statt einer weiteren Probe des Songs eine freie, sehr unorganisierte Improvisation (2:38), die in ein orientalisch klingendes meditatives Wah-Wah-Riff von George ausläuft. Paul scheint die Gefahr eines gewissen Überdrusses zu spüren und meint: „Ihr werdet die Nummern hassen, wenn die Zeit für die Show gekommen ist." John ist anderer Meinung: „Wir haben noch nie so viele neue Nummern auf einmal gelernt!" Ringo stimmt ihm zu.

Jedenfalls muß jetzt, nach weit über einer Stunde kontinuierlicher Arbeit an *Get Back*, Abwechslung her. Paul zitiert einige Zeilen aus *Two Of Us*; John entfährt es: „Meine Lieblingsnummer" – es klingt aber eher sarkastisch als ernstgemeint. Jedenfalls wird jetzt eine gute halbe Stunde an TWO OF US gearbeitet. Mehrere Durchspielversuche gehen mittendrin baden, was aber nicht verhindern kann, daß Paul und John sich gutgelaunt geben und zwischendurch ein wenig herumwitzeln. Das Lied klingt im derzeitigen Zustand aber auch nach guter Laune – dennoch (oder gerade deshalb) findet Paul: „Es ist ein bißchen gesichtslos." John gibt ihm recht. Nicht ganz einig sind sie sich nur, was nicht stimmt. Der Song als solcher, meint Paul, sei in Ordnung. John überlegt, ob man ihn nicht doch elektrisch spielen solle, sieht aber ein, daß das nicht klingt. Richtige Ideen hat auch Paul nicht, doch er meint: „Wir spielen's jetzt einfach mal durch, und überall, wo ihr meint, jetzt wird es langweilig – schau mal, George, du kannst da ruhig deine Sachen machen." Richtig gute Sachen, die er machen kann, fallen George aber auch nicht ein, ihm fällt nur ein, daß heute Freitag ist.

Paul probiert Änderungen am Tempo, an Ringos Cymbals, an der Middle-Eight, aber je mehr er ändert, desto mehr zerfällt das Stück; das einzige, was wirklich zusammenpaßt, ist der zweistimmige Gesang von Paul und John. Hauptproblem ist die Middle-Eight, von der Paul meint: „Sie hat mir nie sonderlich gut gefallen, aber sie ist okay." Nur fehlt ihm daran irgend etwas, aber alles, was er hinzufügt, wirkt überkandidelt und deswegen dem Charakter des Songs unangemessen. Irgendwann ahnen die Beatles wohl selbst, daß sie nicht weiterkommen, und haben viel Spaß daran, die Middle-Eight in jedem Stil durchzuprobieren, der ihnen in den Sinn kommt – das klingt großteils recht lustig, ist aber alles keine Lösung, und so greifen sie zur einzigen Lösung, die im Moment hilfreich ist, nämlich der Flucht in die Mittagspause.

In dieser Mittagspause freilich geht's dann richtig schief, und zwar nicht musikalisch, und mit Spaß und Lustigkeit ist es dann auch vorbei. Was genau passiert, ist nur unzureichend dokumentiert, denn beim Mittagessen pausieren naturgemäß die Kameras des Filmteams, und auch ihre Wanzen haben sie nicht in Anschlag gebracht. Wir wissen deshalb nur das, was die Beteiligten und Augenzeugen berichtet haben. Danach hat es einen gewaltigen Krach gegeben, und zwar zwischen John und George. Gerüchte über diesen Krach dringen in den nächsten Tagen nach außen, auch an die Presse, so daß der *Daily Express* bei George nachfragt. Und der erklärt: „Wir haben uns nicht geprügelt, sondern uns nur gestritten." Der genaue Anlaß dieses Streits bleibt unerwähnt, das Protokoll der vorausgegangenen Tage erlaubt aber natürlich einige Vermutungen. George, der jahrelang darunter litt, bei den Beatles nur das fünfte Rad am Wagen zu sein und insbesondere als Songwriter nicht ernstgenommen zu werden, erlebt auch bei diesen Proben wieder, daß die Songs, die er mitbringt, vor allem von John ignoriert oder veralbert werden (Paul hält sich mit derlei hingegen sehr zurück); hinzu kommen unterschiedliche Auffassungen über die Probenarbeit (George neigt zu einer instrumentalen Experimentierfreude, die John überfordert) und die Auseinandersetzungen über die angestrebte Live-Show (John ist flammendster Befürworter exotischer Schauplätze, George ihr erbittertster Gegner). All diese Dinge oder eine Kombination daraus können Auslöser des Streits gewesen sein, ebenso sind aber auch andere Ursachen möglich, die nicht offen thematisiert worden sind, beispielsweise Yoko Onos ständige Anwesenheit.

Wenn wir nicht wissen, was *beim* Mittagessen genau passiert ist, so wissen wir doch wenigstens, was *nach* der Mittagspause passiert. George kehrt mit den anderen an den Probenort zurück und spielt einige Takte aus Chuck Berrys I'M TALKING ABOUT YOU (0:06); dieses Stück hat er schon einmal gespielt, nämlich am 6. Januar im Kontext von Gesprächen über den Ort des geplanten Live-Auftritts – aber vielleicht ist das Zufall. Offensichtlich ist, daß George seine Gitarre benutzt, um sich abzureagieren, und als er dann soweit ist, daß er etwas sagen kann, bringt er einen kurzen Satz hervor, der es in sich hat: „Ich steig aus der Band aus, jetzt." Um einen Ersatz zu finden, so ergänzt er, könnten die anderen ja dem *New Musical Express* schreiben; und dann folgt der Abschiedsgruß: „Man sieht sich in den Clubs!" Und George geht, er fährt nach Hause, wirft dort seine aktuelle Geliebte Charlotte Martin (Eric Claptons Ex-Freundin) raus, um in dem Moment, wo die Gruppenbeziehung der Beatles in die Brüche geht, wenigstens seine andere wichtige Beziehung zu retten, die Ehe – und schreibt dann den Song *Wah-Wah*, eine Art Abschied vom Beatle-Dasein.

Und wie reagieren die drei Kollegen? Sie scheinen sprachlos zu sein. John greift sich seine Gitarre und spielt und singt einen Song von The Who, der auf sarkastische Weise einen indirekten Kommentar zur Situation darstellt: A QUICK ONE WHILE HE'S AWAY (1:19+). Dann entfacht John eine kurze Rückkopplungsorgie, gibt unartikuliertes Brüllen von sich, sagt „okay George, take it!", als fordere er ihn zum Solo auf, und initiiert eine unglaublich wüste und brachiale Improvisation (1:32), in die Paul und Ringo sogleich einfallen und die mit Gitarrenfeedback und einem wilden Tarzanschrei Johns endet. Ringo drischt aber gleich weiter auf sein Schlagzeug ein, und so entsteht eine weitere Gruppenimprovisation (13:20+), bei der die Beatles dann plötzlich wieder zu viert sind – nein, George ist natürlich nicht zurückgekehrt, aber Yoko, die bei den Proben bisher grundsätzlich nur ein stummer Schatten Johns war, hat sich mit einem triumphierenden Lächeln im Gesicht auf Georges Platz gesetzt, bricht nun aus wie ein Vulkan und zersägt das Instrumentalgemetzel von John, Paul und Ringo mit ihrem typischen Kreischgesang, der nach einiger Zeit in ein gejaultes „John!" übergeht, dann aber – als John nochmals das Riff aus *A Quick One While He's Away* spielt – zum vorherigen Kreischen zurückkehrt. Die gemeinschaftliche Lärmorgie wird immer brutaler, man könnte behaupten, hier erfinden die Beatles Death Metal und Thrash Metal.

Als die Improvisation über Feedbackgeräusche ausläuft, ruft John: „Okay, *I've Got A Feeling*!" Es folgt die gruseligste Version von I'VE GOT A FEELING (3:51), die sich denken läßt, gespielt und gesungen wie besoffen, dann eine kleine Jodeleinlage von John und eine Brutalfassung von DON'T LET ME DOWN (3:42). Bei Johns Song scheinen die Beatles sich langsam wieder zu beruhigen, ihr Spiel nähert sich ihrer normalen Probenarbeit an schlechten Tagen an. Paul schmalzt ein paar Takte TILL THERE WAS YOU (0:18), John führt sie dann durch eine hingeschlunzte Version von Eddie Cochrans C'MON EVERYBODY (0:41) und fragt: „Was machen wir als nächstes?" Während Ringo sich kurz mit MACKIE MESSER (0:12) vergnügt, schlägt Paul einen Song vor, den sie nun vollständig massakrieren: MAXWELL'S SILVER HAMMER (1:56+). John und Paul singen den Text mit verstellten Stimmen, und auch die Instrumentierung ist durch und durch parodistisch. An ernsthafte Arbeit ist nicht zu denken; sie versuchen also, spaßig zu sein, veralbern zu diesem Zweck als nächstes Elvis' DON'T BE CRUEL (2:25), gehen dann zu einer Bossa-Nova-Parodie (3:36) über, in der Elemente aus Tony Bennetts IN THE MIDDLE OF AN ISLAND, dem kubanischen Gassenhauer THE PEANUT VENDOR, dem Young-Rascals-Hit GROOVIN' und Elvis' I GOT STUNG verwurstet werden, und machen sich schließlich über Conway Twittys IT'S ONLY MAKE BELIEVE (2:37) her.

Unterdessen diskutieren Michael Lindsay-Hogg, Neil Aspinall und George Martin die Folgen von Georges Ausstieg aus der Band. Aspinall meint, das am Wochenende anstehende Geschäftstreffen biete eine gute Gelegenheit, George wieder ins Gleis zu bringen. Martin und Aspinall beschreiben Georges Position als Einzelkämpfer gegen das Team Lennon / McCartney; Aspinall meint, jeder andere hätte in dieser Lage schon viel früher das Handtuch geworfen.

Die Kaspereien der Beatles gehen weiter. Paul stimmt ein vermutlich improvisiertes Liedchen an mit den Eingangszeilen „Through a London window / My guitar and I / We sit and serenade / Till the dawn goes by" (1:35), zu dem John und Ringo eine Standardbegleitung spielen. Damit endet fürs erste die Flucht in die Musik; die Beatles ziehen sich mit den übrigen Anwesenden (zu denen sich schließlich auch Ringos Frau Maureen gesellt) zum Quatschen zurück. Es ist jetzt kurz nach 15 Uhr.

Lindsay-Hogg ist schon wieder dabei, sein Lieblingssteckenpferd zu reiten und ausführlich neue Ideen für die Live-Show auszubreiten. Paul macht sich über seine gespreizte Ausdrucksweise lustig, allerdings in einem Tonfall, der signalisiert, daß ihm innerlich nicht wirklich lustig zumute ist. Das Gespräch plätschert richtungslos vor sich hin, bis Lindsay-Hogg fragt: „Was ist also unser nächster Schritt?" John: „Wir teilen Georges Instrumente unter uns auf." Das Gelächter ist groß, allerdings nicht bei Paul und Ringo. Lindsay-Hogg: „Ihr Jungs trefft euch also am Sonntag?" „Sonnabend." Und Ringo fällt noch etwas ein: „Wer weiß, vielleicht sind es bis dahin nur noch zwei."

Direkt ansprechen mag das George-Problem niemand, überhaupt macht kaum jemand den Mund auf – außer Lindsay-Hogg, der wieder über den Ort der Show sprechen will, aber plötzlich bemerkt, daß sein wichtigster Mitstreiter fehlt: „Wo ist er hin?" Ringo: „John? Der ist wahrscheinlich irgendwo am Malen." Paul: „Oder in einem Sack in der Garderobe, mit Yoko. Heute ist mit ihm nicht gut Sacksitzen." Lindsay-Hogg will wieder über Afrika sprechen, aber zu mehr als gequälten Witzen ist niemand mehr imstande. Als John (mit Yoko im Schlepptau) wieder auftaucht, will Paul ihm die Auszeichnung „Reizgas des Jahres" verleihen. Ausgerechnet George Martin bringt erneut die Frage der Live-Show auf, und Paul, offensichtlich genervt, wirft ins schleppende Gespräch mögliche Örtlichkeiten ein, wie sie ihm gerade einfallen: „Im Krater eines Vulkans. Oder wenn wir's in der U-Bahn machen." Aber selbst mit ernster gemeinten Vorschlägen (im Cavern oder im Tower Ballroom) dringt er nicht durch. Die Afrika-Idee steht immer noch im Raum, und Mal Evans soll am kommenden Montag nach Tripolis fliegen, um sich nach Konzertorten umzusehen.

Während John und Yoko mit einem CBC-Reporter sprechen und für nächsten Dienstag einen Interviewtermin hier in Twickenham abmachen, setzt Paul sich ans Klavier und entspannt sich nach üblichem Muster bei THE LONG AND WINDING ROAD (4:03) und dem ADAGIO FOR STRINGS (2:13), spielt dann eine Instrumentalfassung von MARTHA MY DEAR (10:27), die Yoko offenbar gefällt, denn sie läßt sich ein Mikro bringen und beginnt nach einiger Zeit, damit ein Rückkopplungsgeräusch zu erzeugen. John nutzt die Gelegenheit, daß Paul nicht am Gespräch teilnimmt, um nun doch noch das Problem des Tages anzusprechen: „Ich finde, wenn George bis Montag oder Dienstag nicht wieder da ist, fragen wir Eric Clapton." Ringo hat Einwände, aber John meint: „Eric würde sich freuen. Der Punkt ist – wenn George aussteigt, wollen wir dann die Beatles weiterführen? Ich will das." Lindsay-Hogg äußert den Vorschlag, einfach zu sagen, George sei krank, und die Show ohne ihn steigen zu lassen, aber John leuchtet das nicht ein: „Nein – ich meine, wenn er aussteigt, dann steigt er halt aus. Wenn er bis Dienstag nicht wieder da ist, holen wir uns Clapton." Viel mehr kann John nicht sagen, denn Yoko, der es offenbar nicht gefällt, daß ihr Zwilling sich ohne sie mit anderen Leuten abgibt, hat angefangen, über ihr Mikro mit zunehmender Lautstärke und Eindringlichkeit seinen Namen zu rufen. John scheint anfangs genervt davon, antwortet Yoko dann und ruft: „Er hat zu tun!" Zu Lindsay-Hogg sagt er nur noch, erst einmal müßten sie halt weitermachen, als ob nichts geschehen sei, dann schnappt er sich seine Gitarre, um zu einem instrumentalen Klavierstück (4:59), das Paul angestimmt hat, zu improvisieren. Yoko singt dazu weiter ihr penetrantes „John!", stößt dann eine Art Ziegenmeckern aus, und schließlich reißt sich Ringo von Linday-Hogg, der immer noch auf ihn einspricht, los und schüttelt ein Tamburin im Takt.

Nach einer Wiederholung dieser Improvisation (6:09) kehrt Paul dem Klavier den Rücken und setzt sich ans Schlagzeug. Zusammen mit John an der Gitarre und der weiterhin kreischenden Yoko wird eine weitere Improvisation (1:36+) entwickelt; Ringo spricht dazu eine hübsche Ansage ins Mikrofon: „Yeah, rock it to me, Baby! So mag ich das! Sie könnten vielleicht glauben, dies sei ein komplettes Orchester, aber wenn Sie genau hinschauen, können Sie sehen, daß nur zwei Menschen spielen und ein Mensch singt. Ich weiß, es klingt wie Benny Goodman, aber keine Sorge, es ist der Big Sound of 1969. Verwetten Sie Ihr Leben drauf! O, sock it to me, sock it to me!"

Dann hat Paul aber wohl genug, und zum Abschluß spielt John allein noch ein wenig SUN KING (0:35) und DEAR PRUDENCE (1:09). Lindsay-Hogg blubbert währenddessen Ringo und Paul voll und erklärt ihnen auf gut küchenpsychologisch, mit den harten Improvisationen des Nachmittags hätten sie auf den Streß der Mittagspause reagiert; zum Dank veralbert Ringo ihn noch ein bißchen. Lindsay-Hogg: „Es hat den Anschein, als seien die Proben vorbei – hätte ich recht, wenn ich dieses Gefühl hätte?" John: „Ich denke, deine allgemeine Attitüde geht nicht fehl!" Lindsay-Hogg: „... geht nicht fehl. Ich hab auch so das Gefühl, das war's. Also – treffen wir uns am Montag wieder?" John: „Ja. Ich bring Eric, Jimi und Tommy als Ersatzleute mit." Paul erklärt schnell noch Maureen, welche drei Gitarrengriffe sie übers Wochenende lernen muß, um bei den Beatles einsteigen zu können. Während Lindsay-Hogg den Witz einem seiner Leute erklärt, sehen die Restbeatles zu, daß sie Land gewinnen.

Damit fällt der Vorhang vor einem Probentag, der eigentlich viel zu desolat verlaufen ist, als daß man noch ein Fazit ziehen müßte. Der Vormittag hat immerhin einen Ertrag abgeworfen, nämlich die vollständige Verwandlung von *Get Back* aus einer Improvisationsgrundlage in einen strukturierten Song. Ob dieser Ertrag nach den Vorfällen in der Mittagspause überhaupt noch etwas wert ist, muß zunächst offenbleiben. Die brachialen Improvisationen des Nachmittags zeigen im übrigen, daß die Musik noch immer die beste Methode der Beatles ist, mit Problemen umzugehen (oder vor ihnen zu flüchten); offenbar haben John, Paul und Ringo es auf diese Weise geschafft, sich wieder in einen Zustand zu bringen, in dem sie Witze über ihre Probleme zu reißen vermögen. Natürlich handelt es sich um Galgenhumor, aber jedenfalls ist es Humor – Humor der alberneren Sorte bei John, trockener Humor bei Ringo. Paul fällt es am schwersten, sich mit Galgenhumor zu beschwichtigen, seine vergleichsweise wenigen Witzeleien können nicht verbergen, daß es in ihm brodelt, vielleicht kann er sich tatsächlich besser mit Klavieretüden beruhigen – was auch heißt: mit Arbeit. Ob die Arbeit in der Band überhaupt weitergehen kann, ist vorerst ungeklärt. Praktischerweise steht ein Wochenende bevor, zudem eines, an dem ohnehin Geschäftsunterredungen geplant sind; es besteht also eine gewisse Chance, daß sich die Situation, in die sie Georges Abgang gestürzt hat, bis zum nächsten regulären Probentag bereinigen läßt.

Schuldzuweisungen

Montag, 13. Januar 1969, Filmstudio Twickenham

Das Wochenende ist vorbei; nicht vorbei ist die Verweigerung von George
– der Riß hat sich bei den Unterredungen nicht kitten lassen, sondern eher
noch verstärkt. Als die Kameras des Filmteams an diesem Morgen zu laufen
beginnen, ist von den Beatles nur Ringo da. Jemand will von ihm wissen, ob
die Live-Show überhaupt noch stattfinden wird, und er sagt: „Deswegen
sind wir heute ja hier. Um das zu sehen."

Am Vorabend war die Premiere des Films *Wonderwall*; Ringo sagt, ihm
gefalle er, allerdings habe er ihn sich mehrmals anschauen müssen, um zu
diesem Urteil zu kommen. Bei der Premiere war George zugegen, von dem
die Filmmusik stammt – sein Album *Wonderwall Music*, erschienen Anfang
November 1968, ist das erste Soloalbum eines Beatle. Den Großteil der
Stücke hat George vor genau einem Jahr – im Januar 1968 – in Indien mit
indischen Musikern aufgenommen; von dem Trip hat er außerdem Instru-
mentaltracks mitgebracht, die anschließend für die von ihm geschriebene
Beatles-Singlerückseite *The Inner Light* verwendet wurden. All das – also
sowohl der Beginn einer musikalischen Solokarriere als auch der Versuch,
mit indischen Experimenten innerhalb der Beatles eine eigenständige Rolle
zu spielen – muß George anläßlich der Filmpremiere wieder zu Bewußtsein
kommen, allerdings auch, daß die anderen Beatles derzeit dabei sind, solche
Einflüsse auf ihre Musik wieder zu tilgen; das gilt insbesondere für John,
der an der fertig produzierten, aber unveröffentlichten Aufnahme von *Across
The Universe*, auf der George Tamboura spielt, ständig herummäkelt und sie
durch eine Neuaufnahme ohne indische Instrumentierung ersetzen will.

Aber am Wochenende fand ja nicht nur die Filmpremiere statt, sondern
die Beatles haben sich zu geschäftlichen Gesprächen getroffen – am Sonnabend heimlich bei George, am Sonntag bei Ringo. Jemand will wissen, wie
das gelaufen ist, und Ringo, heute ziemlich maulfaul, faßt zusammen: „Die
Besprechung war gut. Viele gute Sachen, aber dann am Ende fielen die
Dinge sozusagen auseinander." Als Lindsay-Hogg erwähnt, Neil Aspinall
sei dabei, Ringos Kollegen anzurufen, muß Ringo lachen und meint: „Zwei
Kollegen haben mir gestern abend gesagt, sie würden zur selben Zeit wie
ich hier aufkreuzen." Aspinall, so Lindsay-Hogg weiter, habe erwartet,
überhaupt keiner würde kommen. Ringo: „Echt? Dann ruf ihn an und sag,
ich bin zum Mittagessen hier."

Schließlich erzählt Ringo doch noch ein wenig von der Besprechung am Wochenende. Es seien einige Geschäftsleute dabei gewesen: „John – ein Amerikaner. John und noch jemand von, äh, von Sparrows oder wie die Firma heißt – Swallows, ist das die Firma? Die neuen Buchhalter, die wir gerade engagiert haben." Lindsay-Hogg: „Neil erzählte, als die Geschäftsleute gegangen waren, war außer euch fünfen niemand mehr da, ja? Und das ist der Schlamassel." Ringo widerspricht nicht (damit ist das Thema erst einmal erledigt) und fängt an, übers Fernsehprogramm und schließlich über diverse Popstars zu sprechen: die besten Live-Shows, die er je gesehen habe, seien die von Jerry Lee Lewis und von Little Richard gewesen.

Schließlich kommt Lindsay-Hogg wieder auf ihr eigenes Live-Vorhaben zu sprechen und fragt, ob Ringos Frau auch dagegen sei, dafür ins Ausland zu gehen. Ringo: „Ja, sie ist sehr für die englischen Fans." Und er wechselt schnell das Thema: „Hast du ordentlich was zusammen für einen guten Dokumentarfilm?" Lindsay-Hogg: „Hängt davon ab, was wir reinnehmen dürfen." Ringo: „Nimm alles rein!" Lindsay-Hogg: „Also, wenn wir alles so präsentieren, wie's ist, dann kriegen wir einen guten Film zusammen. Aber wenn wir die Sachen verschleiern müssen, dann haben wir nicht sonderlich viel. Wir haben einfach nur ein paar Tage, wo nichts zustande kam, und das ist alles. Wir haben bloß eine Apfelschale." Ringo: „Oder einen Apfelkern." Aus lauter Langeweile fängt er an, über kalifornisches Obst zu sprechen, dann über Kalifornien überhaupt, schließlich über die Schauspielerei. Ein Paketbote kommt rein und fragt, wer von ihnen „Mr. Harrison" sei, was mit lautem Lachen quittiert wird. Lindsay-Hogg meint, es sei ein Paket von diesen komischen Leuten, die am ersten Tag da waren. Ringo: „Hare Krishna – ja, diese Leute." Lindsay-Hogg: „Harry wer?" Ringo: „Hare Krishna." Lindsay-Hogg: „Was bedeutet das?" Ringo: „Ach, Gott und all solche Sachen. So hat man mir jedenfalls erzählt." Lindsay-Hogg: „Hat es dir da in Indien gefallen?" Ringo: „Nein, nicht wirklich."

Schließlich taucht Paul auf. Er hat Linda dabei, die witzelt, dies sei wohl das Direktorenmeeting. Auf dem echten Direktorenmeeting am Tag zuvor habe John prächtig ausgesehen, meint sie, woraufhin Lindsay-Hogg fragt: „Wen hatte er an?" Paul amüsiert sich sehr über die Frage und antwortet: „Eine berühmte japanische Schauspielerin!" Alle haben gut zu lachen.

Paul trällert ein paar Textzeilen aus OB-LA-DI, OB-LA-DA (0:07), weil Michael angeboten hat, ihm Arthur Conleys Coverversion vorzuspielen. Paul und Ringo merken an, keine der in Umlauf befindlichen Coverversionen weise den korrekten Text auf – grundsätzlich weggelassen wird das Wörtchen „bra". Conleys Fassung gefällt niemandem sonderlich, aber die

Rückseite der Single, *Sleep On, Otis*, kommt besser an, Paul und Ringo singen ein wenig mit, und Paul amüsiert sich über die Textzeile „sleep on". Das Gespräch kommt auf Otis Redding, dann auf diverse andere Sänger und Gruppen, und als jemand die Equals erwähnt, singt Paul mit entsprechend verstellter Stimme die Titelzeile aus deren Hit BABY, COME BACK (0:04). Ringo will wissen: „Welche Gruppe ist das mit *Build Me Up, Buttercup*?" Die Antwort kommt vielstimmig: „The Foundations!" Paul singt, unterstützt von Linda, einige Zeilen aus BUILD ME UP, BUTTERCUP (0:18 / 0:11) und startet ein Gespräch über die Zeit, als alle noch Singles sammelten und sich niemand für LPs interessierte.

Neil Aspinall taucht auf und fragt, was heute passieren soll. Paul will mit John an den Texten der noch unvollständigen Songs arbeiten und etwas weiterproben. Ringo: „Wofür?" Paul meint, sie müßten halt probieren, ob sie noch weitermachen könnten oder nicht. Ringo: „Es ist gut, daß du gesagt hast: ‚Kommt alle zum Arbeiten.'" Ansonsten, meint er, wäre jeder für sich in seinem Haus versackt, und es hätte gar nicht mehr vorangehen können. Paul: „Das war mein Gedanke. Ich dachte, morgen versuchen wir's nochmal zusammen." Ringo: „Ich hätte mich auf die faule Haut gelegt oder mich um den Garten gekümmert." Aspinall erinnert dran, George habe bei der mißglückten Besprechung am Vortag drauf beharrt, die vier Beatles müßten die Situation ganz unter sich klären. Paul: „Das war der Schlüsselmoment. Dafür bin ich auch." Aspinall: „Ich glaube, John sprach gerade mit ..." Paul: „Ach, John." Aspinall: „... und darum hat George das zweimal gesagt." Offensichtlich hat John zunächst so getan, als verstehe er nicht, worauf George mit der Formulierung „unter uns" hinauswollte, nämlich darauf, daß auch Yoko nicht Teil der Beatles sei; George hat John deswegen einen Lügner genannt.

Paul scheint prinzipiell mit George einer Meinung zu sein, möchte aber wohl nicht so harsch urteilen und versucht sogar, John und Yoko zu verteidigen: „Ich würde es vorziehen, ohne Yoko Songs zu schreiben, aber das ist nur meine Methode. Ich zieh mich zurück, um einen Song zu schreiben, und dann führ ich ihn vor, wenn er fertig ist, und frag: ‚Was meinst du, sollten wir den Text vielleicht noch ergänzen?' Aber es ist schwierig, gleich von Anfang an mit Yoko zu schreiben, weil man dann – also, ich mach das so, wenn Yoko dabei ist, fang ich an, Songs über weiße Wände zu schreiben, bloß weil ich denk, das könnte John und Yoko gefallen – und das tut es gar nicht! Ich hab zu sehr Rücksicht auf das genommen, wovon ich vermute, daß es ihnen gefällt. Aber das ist unangebracht." Paul versucht, die Ursache für die Probleme im Umgang mit John und Yoko bei sich selbst zu suchen.

Ringo fragt Aspinall, ob er John inzwischen erreicht habe, aber da nimmt niemand ab. Linda bedauert, zum gestrigen Treffen überhaupt mitgekommen zu sein, weil die Beatles dadurch keine Gelegenheit hatten, unter sich zu sein. Paul: „Es wäre besser ein Treffen nur von uns vieren gewesen." Linda: „Yoko übernahm komplett das Reden für John." Paul versucht aber immer noch, Verständnis für John aufzubringen: „Es ist schon so, wie John gestern sagte, das Problem ist, sobald von außen etwas unseren Egos in die Quere kommt, versuchen wir, das von uns fernzuhalten. Wenn irgendwer dazukommt, lassen wir ihn für ein Weilchen in unsern Kreis rein und stoßen ihn dann wieder hinaus, weil wir niemanden im inneren Zirkel dulden, alle müssen am Rand bleiben, während wir vier unsern Kram machen."

Mal Evans taucht mit Buttertoast für alle auf, was Paul zum Anlaß nimmt, nochmals BUILD ME UP, BUTTERCUP (0:16) zu singen, aber dann kommt er doch auf die Beatles-Zwickmühle zurück: „Das ist das Problem, diese Geschichte mit unserer Erhöhten Aufmerksamkeit." Er meint die von John und Yoko gepflegte Überzeugung, sie müßten nicht miteinander sprechen, um einander zu verstehen – die Idealvorstellung einer nonverbalen Kommunikation. Paul hat damit so seine Schwierigkeiten: „Die Antwort ist dann, einfach gar nichts zu sagen. Aber das ist sie nicht. Denn wir machen einander komplett fertig, wenn wir's so machen. Denn wir sind noch nicht soweit, daß wir mit diesem Erhöhten Schweigen auskommen." Da muß er doch gackern, aber das Problem, das er hier sieht, hält er für sehr ernst: „John sagt dann einfach gar nichts. So wie neulich, als ich ihn gefragt hab: ‚Was meinst du dazu?' Und er sagte gar nichts." Linda meint, das eigentliche Probleme liege zwischen den vier Beatles, doch Paul widerspricht: „Yoko hat sehr viel damit zu tun. Weil sie aus Johns Blickwinkel sehr viel damit zu tun hat, das ist doch der Punkt. Der Punkt ist, daß es wieder mal nur zwei Antworten gibt. Die eine ist, dagegen anzukämpfen, gegen sie anzukämpfen und zu versuchen, die Beatles wieder zu vier Leuten ohne Yoko zu machen. Die andere ist, einfach zu akzeptieren, daß sie da ist. Und er wird sich keineswegs nur unseretwegen von ihr trennen. Und eigentlich ist es auch gar nicht so ein großes Hindernis, solange wir nicht versuchen, drüber wegzukommen. Nur solange wir versuchen, es zu überklettern, ist es ein Hindernis. Aber eigentlich ist es das nicht, es ist doch nicht gar so schlimm, wißt ihr. Die beiden wollen zusammenbleiben, und das ist doch in Ordnung. Was wir machen, das ist wie ein Streik. Die Arbeitsbedingungen stimmen nicht, wißt ihr."

Lindsay-Hogg unterbricht: „Aber er weiß das." Paul: „John weiß das, klar. Wir haben viel Beatleskram und wir haben viel Nichtbeatleskram, und ich glaube, wenn man John bedrängt, zwischen Yoko und den Beatles zu wählen, dann entscheidet er sich für Yoko." Neil Aspinall hat beobachtet: „Wenn man heutzutage mit John spricht, spricht man mehr mit Yoko als mit John selbst." Paul: „Das meine ich, so ist das, wenn ich einen Song mit ihm schreiben will. Aber ich glaube, am Ende ist sie doch nicht so, wie wir meinen, daß sie ist. Beim einzigen Mal, wo wir's gemacht haben, war sie prima, ganz in Ordnung. Es ist eher so der Gedanke, daß sie da ist – dann spricht man nicht mit John, und dann spricht John auch nicht mit einem. Wir machten *I Will* zusammen, die letzte Strophe, ich kriegte es einfach nicht hin, und Yoko hat sich wirklich bemüht, sich da rauszuhalten. Ich finde es einfach albern von mir oder irgendwem, zu sagen, wir wollen dich nicht. Okay, sie übertreiben's ein bißchen, aber John ist einer, der's immer gern übertreibt, und Yoko ist vermutlich auch so eine, das ist also deren Eigenart – man kann nicht einfach sagen: ‚Übertreib es doch nicht! Sei vernünftig und bring sie nicht zu den Sitzungen mit!‘ Nein, das ist deren Entscheidung, und wir haben uns da nicht zwischenzustecken. Selbst wenn es unser Geschäft betrifft, kann man das nicht wirklich sagen – außer einfach: ‚Mir gefällt das nicht!‘ Dann kann er entweder ‚fick dich‘ sagen oder ‚mir gefällt es aber‘ oder ‚ich mach's nicht wieder‘. Das ist allerdings das Problem, es ihm zu sagen. Ich hab ihm gesagt, daß es mir nicht gefällt, in ihrer Gegenwart Songs zu schreiben." Lindsay-Hogg: „Habt ihr vorher mehr zusammen geschrieben?" Paul: „O ja. Das ist weniger geworden, seitdem wir nicht mehr aufgetreten sind. Weil wir damals zusammen lebten, zusammen spielten, im selben Hotel waren. Es ist egal, was man tut, solange man's in engem Kontakt macht, und wenn der Kontakt nicht mehr so eng ist, dann wird es halt weniger. Wenn wir zu den Aufnahmen zusammenkommen, dann – musikalisch spielen wir heute besser zusammen. Es ist einfach diese Sache mit dem Zusammensein. Ich denke, wir sollten einfach arbeiten – wieder in die Tretmühle rein. Ein Job, Tag für Tag, und dann die Wochenenden frei, so daß es echte Wochenenden sind." Linda erinnert sich, daß George sich zu Beginn der Aufnahmesessions zum Weißen Album gefreut habe, wie toll es sei, wieder an die Arbeit zu gehen.

Paul gibt zu, daß ihm nicht alles gefällt, was John macht, zum Beispiel das Nacktfoto auf dem Album *Two Virgins*, aber er meint, nun seien sie halt erwachsen und keiner für den anderen verantwortlich. Er versuche, im Umgang mit John und Yoko einen Kompromiß zu fahren: „Und um einen Kompromiß zu erreichen, muß ich als erster kompromißbereit sein, und vielleicht sind sie's dann auch – albern wäre es, wenn gar keiner kompromißbereit wäre. Ich bin auch kompromißbereit, weil ich weiß, die einzige

Alternative für John wäre, zu sagen: ‚Mach's gut, das war's!' Und das wollen wir nicht. Vielleicht brauchen wir doch eine zentrale Daddy-Figur, die sagt: ‚Ab neun keine Mädchen mehr. Laßt die Mädchen daheim, Jungs.' In fünfzig Jahren wird sich das mal sehr albern anhören: ‚Die Beatles haben sich getrennt, weil Yoko auf einem Verstärker saß. Weil John immer dieses Mädchen mitschleppte.'" Mit Neil Aspinall hat Paul eine Idee für ihren Live-Auftritt entwickelt – zwischendurch sollen die neuesten Meldungen aus aller Welt eingeblendet werden, und die letzte Meldung lautet dann: „Die Beatles haben sich getrennt."

Jetzt ist es zur Abwechslung Lindsay-Hogg, der nicht über die Live-Show sprechen möchte – er möchte mehr über John und Yoko hören. Dazu hat Paul eigentlich keine Lust mehr, rückt dann aber doch noch mit Details der Geschäftsbesprechung heraus: „John hat nichts gesagt, Yoko hat das Sprechen übernommen. Mittendrin ist George dann gegangen." Linda meint, ein Treffen der vier Beatles ohne Yoko sei die einzige Lösung. Aber wie soll das gehen? Lindsay-Hogg schlägt vor, Yoko Betäubungsmittel in den Tee zu tun, aber darüber kann Paul nicht einmal lachen, der statt dessen wieder John und Yoko verteidigt: „Sie versuchen einfach, sich so nahe wie möglich zu sein. Wenn sie nur in seiner Nähe sitzt, ist es einfach ein klein bißchen weniger gut, als wenn sie ganz eng an ihm dran sitzt. In gewisser Weise ist das doch auch richtig, und wenn man verlangt, daß er ohne sie zu einer Geschäftsunterredung kommt, dann fängt man an, sie wieder zu trennen. Das ist sehr ideologisch." Lindsay-Hogg findet, das Verständnis müsse da seine Grenzen haben, wo diese Zweiernähe allen anderen das Leben schwermache, doch Paul meint, die betreffenden Zwei würden es wohl so sehen, daß ihnen das Leben schwergemacht werde, wenn man verlange, sich den Wünschen der anderen zu beugen.

Aber wo sind die beiden, um die es geht, überhaupt? Aspinall berichtet, daß ihr Telefon ständig besetzt ist; John hat wohl den Hörer abgenommen. Paul: „Da wären wir nur noch zwei." Ringo: „Tom und Jerry." Als Lindsay-Hogg nun doch noch mit seinen Vorstellungen für die Live-Show (inklusive der Kreuzfahrt) anfängt, meint Paul: „Ich denk, wir sollten erstmal das Ende dieser Woche abwarten, irgendwas wird bis dahin definitiv passiert sein. Dann sagen wir entweder, nächste Woche kommen wir nicht mehr, und die Chose ist endgültig erledigt, oder wir kommen nächste Woche wieder und machen's. Wir halten jetzt die Uhr an. Das jetzt zählt nicht mit. Wir sollten den 18. absagen, weil es definitiv der 19. werden wird." Für jeden Probentag, der wegen des ‚Streiks' ausfällt, soll der Auftritt um einen Tag verschoben werden, und an spektakulären Auslandsgeschichten, wie sie Lindsay-Hogg vorschweben, ist nun endgültig niemand mehr interessiert.

Paul klingt müde, frustriert. Das Gespräch wendet sich der Ästhetik von Musik- und Konzertfilmen zu, und Paul spricht sich kategorisch gegen schnelle Schnitte und ambitionierte Kameraführung aus, er möchte, daß einfach nur die Beatles beim Spielen gezeigt werden – wenn es denn dann noch die Beatles sein werden. Lindsay-Hogg ist genau der gegenteiligen Meinung, und so entwickelt sich eine längliche Diskussion, die unterbrochen wird, als John anruft und mit Paul sprechen will. Am Telefon erklärt John sich bereit, zu kommen. Bis es soweit ist, wird noch weiter über die Vorzüge und Nachteile musikdokumentarischer Filmkunst gestritten, und dann verziehen sich alle in einen kleinen Kinosaal, um Filmclips anzuschauen. Es ist 13 Uhr.

John und Yoko tauchen rechtzeitig zum Mittagessen auf, das in der Kantine der Filmstudios eingenommen wird – und diesmal hat Lindsay-Hogg vorsorglich Wanzen anbringen lassen, so daß Teile des Tischgesprächs mitgeschnitten werden können. „Wo ist denn George?" – mit dieser Frage setzt Paul das Thema, denn jetzt wird natürlich nicht mehr über das John-Yoko-Problem gesprochen, sondern über das George-Problem. Yoko meint, es sei leicht, George zurückzuholen, aber John widerspricht: „Es ist nicht so leicht, weil das eine eiternde Wunde ist. Und gestern haben wir zugelassen, daß sie noch tiefer aufreißt, aber wir haben ihm keinerlei – und das alles nur, weil George – wenn er in Fahrt kommt, wenn er so tief drin ist – wir haben dieses Ego." John redet viel, aber zunächst nicht sonderlich zusammenhängend: „Gestern war es wirklich – oder sogar vorgestern, als wir zu George sind ..." Paul geht dazwischen: „Mir gefällt absolut nicht, daß du so auf stur schaltest. Ich meine, wenn ich mir das so anschaue – ich möchte wirklich nicht, daß man mir so die Luft abdrückt." John: „Ich hab nur gefragt, ob ich's nochmal haben will, was immer es ist – und wenn's genug ist, dann muß ich eben – du und ich, wir müssen – wenn du aus welchem Grund auch immer weitermachen willst ..." Paul: „Alle fragen, worauf ich's abgesehen habe. Weil ich lang genug dabei bin." John meint, irgend etwas sei George im letzten Jahr bewußt geworden: „Und das ist es einfach, weißt du. Erst in diesem Jahr hat er plötzlich begriffen, wer ich bin oder wer er ist oder irgend sowas. Wie du schon sagtest, hat George eine andere Rolle gespielt. Aber bis dahin hatte man was, was einen vorantrieb. Ich weiß, ich hab's vor dir gemerkt, und das macht mich hipper als dich, aber ich weiß, daß ich's dir hab durchgehen lassen, aus egoistischen Gründen, obwohl ich sah, was du gemacht hast und was alle gemacht haben, und ganz ohne

Schuldgefühle, wie wir uns alle unserer wechselseitigen Beziehungen wegen schuldig fühlen, weil wir meinen, wir können mehr machen – ich weiß das jedenfalls. Der Punkt ist, daß ich dir keine Schuld gebe. Vielleicht war das masochistisch. Das Ziel war das selbe, Selbsterhaltung. ‚Laß ihn doch machen, was er will‘ – und George auch, weißt du. Aber ich glaube, du hast – was immer das ist, was er hat. Ich hab immer den anderen gespielt. Aber in diesem Jahr passiert dir das alles, und plötzlich hast du die fünf Jahre Ärger auf dich genommen. Weißt du, die eine Hälfte von mir sagt, ich tu alles, um dich zu retten, dir zu helfen, und die andere Hälfte sagt, na, geschieht ihm verdammt recht, ich bin seinetwegen fünf Jahre lang durch verdammte Scheiße gelatscht, und ihm dämmert erst jetzt so langsam, was er mir angetan hat. Sie beide also – weißt du, es ist unglaublich.“ Paul weiß nicht recht, was er sagen soll: „Das einzige, was ich erkenne, ist einfach – sieh mal, ich geh einfach davon aus, daß er zurückkommt, weißt du.“ John: „Und wenn nicht?“ Paul: „Wenn er's nicht tut, haben wir ein neues Problem.“

Ringo: „Ich möchte meinen, Michael würde uns zwingen, daß wir uns hinsetzen ...“ John: „Na, und wenn wir sagten ...“ Paul: „Wir vier.“ John: „Wenn wir's wollten – wenn wir's wirklich wollen – ich will die vier immer noch, ob ich will oder – aber wenn wir beschließen, wir wollen das als Grundsatzpolitik, dann kann ich mich dazu bereit finden, weil diese Politik uns zusammengehalten hat. Aber wenn wir's wollen, weil wir's wollen – der Punkt ist nun mal, wie George gestern schon sagte: die Beatles sind für mich nicht nur wir vier. Ich glaube, ich allein wurde als ebenbürtig behandelt. Ich glaube, du hast – ich bin mir nicht sicher, daß ... Also gut, ich erzähl dir mal, was ich glaube – ich glaube nicht, daß die Beatles sich um vier Leute drehen. Es ist so wie damals, als du anstelle von Pete in die Gruppe gekommen bist. Für mich ist das so.“ John kann sich also vorstellen, die Beatles mit verändertem Personal weiterexistieren zu lassen, so wie er seinen Jugendfreund Pete Shotton bei den Quarry Men feuerte, nachdem Paul aufgekreuzt war.

Paul weist darauf hin, daß es immer schon eine Rangordnung in der Band gegeben habe – erst kam John, dann Paul und erst danach George. Und George habe recht damit, daß sie ihn immer kleingehalten hätten. John stimmt prinzipiell zu, aber: „Das kennt der doch schon, seit er vierzehn ist. Ich bin mir dessen auch bewußt, aber ich weiß nicht – das bin nun mal ich, das ist mein Charakter. Manchmal bin ich auch zu weit in die andere Richtung gegangen.“ Und John führt das Gespräch weg vom Thema der persönlichen Beziehungen, hin zur musikalischen Ebene. Er erwähnt eine

Bemerkung von George, als Mitglied der Beatles müsse er zu viele musikalische Kompromisse machen, und John selbst scheint das auch so zu sehen: „Damals bei *Revolver* und so war es noch aufregend, da gab's immer noch Elemente der Überraschung, aber heute sind wir in einer Sackgasse angekommen, wo wir nichts mehr machen können, was uns wirklich anmacht. Der einzige Ausweg ist, etwas auf eigene Faust zu machen." Das sei schon am Weißen Album abzulesen: „Die Qualität der einzelnen Songs ist besser als bei *Sgt. Pepper*. Aber als Ganzes hat das nicht mehr so funktioniert."

Paul antwortet mit langem Schweigen, beteuert dann, er arbeite innerhalb der Beatles noch immer mit Befriedigung; gleichzeitig freut er sich, daß Ringo an einem Soloprojekt arbeitet. Und Paul schmiert John Honig um den Bart, preist seine intellektuelle Überlegenheit und meint, wenn John davon überzeugt sei, daß der richtige Weg für ihn der Weg einer Karriere außerhalb der Beatles sei, müsse er diesen Weg gehen. Da aber schreckt John zurück – so sicher sei er sich keineswegs.

Paul erzählt ihm, wie er sich seine musikalische Freude zurückholt: „Wenn ich mit einem neuen Song komme und euer Urteil auch nur halbwegs korrekt einschätzen kann, dann bin ich schon zufrieden, wenn ich weiß, zwei von euch mögen den Song. Und dann setz ich mich ans Klavier, weil ich wirklich unbedingt am Klavier sitzen will, denn da muß ich einen Song nicht erst proben, da kann ich ihn spielen und weiß, jedem im Raum gefällt das." Votiert Paul also auch fürs Solospiel? Nein, darum geht es ihm nicht, er versucht nur, John Wege aufzuzeigen, wie man innerhalb der Gruppe durchaus noch etwas anderes finden kann als Frust und Kompromisse.

Außerdem hat Paul geschickt das Thema gewechselt; das Gespräch nähert sich nun wieder den praktischen Seiten der derzeitigen Proben. Wenn sie gut drauf seien, könne jeder einzelne Beatle hervorragende Probenarbeit leisten. John fallen Gegenbeispiele ein: „Selbst du als freundlicher Mensch schaffst es nicht, George dazu zu bringen, daß er spielt, wie du es willst." Und er erinnert sich mit Grausen an die langen Aufnahmesessions fürs Weiße Album, bei denen er meistens betrunken gewesen sei: „Das einzige, was mich interessierte, war mein Gesangspart. Erst wenn ein Song fertig war, merkte ich, daß er fertig war. George und du, ihr konntet spielen, was immer ihr wolltet. Ich kann dir nicht sagen, was du spielen mußt, und ich werde dir nie erzählen, was ich finde, daß du spielen sollst." Daß seine eigenen Songs von jemand anderem arrangiert werden, möchte er allerdings auch nicht, höchstens Vorschläge hören. Paul: „Wir alle kämpfen doch irgendwie für unsere eigenen Songs." John: „Es gab da eine Zeit, wo keiner von uns irgendwas zu sagen wagte, weil du das eh alles abgeschmettert hast. George und ich konnten sagen, was wir wollten, und du hattest doch immer recht." Paul nimmt den Tadel an, ist aber überzeugt, bei den Proben der vergangenen Woche alles versucht zu haben, um George seine Freiheit zu lassen. John: „Zu dem kannst du nun mal nicht sagen: ‚George, take it!' Der kann das einfach nicht." Und so haben Paul und John das Problem, das sie miteinander haben, für den Moment gelöst, indem sie sich auf ein Problem besinnen, das sie beide mit George haben. Klappen kann das natürlich nur, weil Yoko sich kaum ins Gespräch eingemischt hat, und das ist vielleicht auch Lindas Verdienst, die sich bemüht, Yoko in ein Parallelgespräch zu verwickeln.

Und Paul hat es geschafft, John von allzu grüblerischen Grundsatzüberlegungen abzulenken und damit auf die praktische Probenarbeit vorzubereiten. Die Beatles sind jetzt immerhin wieder zu dritt. Nach der Mittagspause greift sich John seine Gitarre, stimmt sie und beginnt zu spielen – zunächst Instrumentalvariationen über die Akkorde von *Don't Let Me Down* (0:42), dann eine bluesigere Improvisation (0:25) und eine Reihe relativ unzusammenhängender Akkordfolgen (5:20+) einschließlich einiger Takte *Dig A Pony*. Paul überlegt derweil laut, wie man es durch Freundlichkeiten erreichen könne, George wieder in die Band zu holen, und will dann gleich Nägel mit Köpfen machen: „Laßt uns losgehen und George besuchen." Ringo: „Ich wollte sowieso hin. Vielleicht sollten wir vorher anrufen, ob er überhaupt da ist." Einer der Assistenten wird damit beauftragt, und Ringo teilt das Ergebnis mit: „Er ist nach Liverpool." Paul: „Echt?" Ringo: „Vor Mittwoch kommt er nicht zurück." Damit hat sich der Besuch erst einmal erledigt. Ringo: „Wollen wir unsere Nummern proben?" Paul: „Ja. Okay, laßt uns versuchen, den Text zusammenzukriegen für das mit den Pakistanis." Der Rest des Arbeitstages gehört also den Proben an GET BACK. Paul greift sich seinen Baß, spielt einige Takte, sagt Mal Evans, er solle seinen Stift bereithalten, und läßt sich dann kurz von Yoko in eine Art Problemgespräch über ihr Kommunikationsverhalten verwickeln, das aber von den technischen Probenvorbereitungen unterbrochen wird. John singt und spielt noch einige Takte DIG A PONY (0:26), beteiligt sich dann am Gespräch zwischen Paul und Yoko, und Paul nutzt die Gelegenheit, John zu sagen, er sei ein großer Fan von ihm.

Nach diesem stimmungsfördernden Austausch von Nettigkeiten versuchen die Beatles eine instrumentale Jam-Fassung von GET BACK (1:03), die aber zu dritt nicht ganz so heavy hinzukriegen ist wie in der Vorwoche.

Nach einigen Fehlstarts wird dann die Songfassung von GET BACK (0:40+) gestartet, wobei John sich mit besonders energetischem Gesang hervortut; allerdings bricht der Durchspielversuch ab, und Paul und John versuchen, am Text zu feilen. „Jo Jo Jackson" gefällt Paul nicht, der Familienname wird fallengelassen, aber „Tuscon, Arizona" wird nun festgeklopft, zumal das, wie Paul sagt, der Schauplatz der TV-Serie *High Chaparral* sei. Etliche Detailproben folgen. Als Ringo einen beweglichen Rhythmus auf den Cymbals anschlägt, entwickelt sich daraus eine leicht jazzige Instrumentalimprovisation (2:13), gefolgt von einer heavier gespielten zweiten Improvisation (1:52) mit experimentellen Vocals von Paul und einer sehr schroffen und mitreißenden Komplettprobe von GET BACK (2:56) mit einem beherzten, aber nicht sonderlich virtuosen Gitarrensolo von John. Paul hat Probleme, den idealen Nachnamen für „Loretta" zu finden; er probiert „Marsh" und „Mary", John schlägt „Meatball" (nicht so ernst gemeint) vor und dann „Marvin", wobei es zunächst bleibt. Der nächste Komplettdurchgang durch GET BACK (2:40) klingt ähnlich fetzig wie der vorherige, leidet aber an textlichen und instrumentalen Unsicherheiten bei John und Ringo. Paul versucht, Ringos Schlagzeugspiel beim Break und Johns Gitarrenriffs aufzupeppen, doch als kein wirklicher Fortschritt zu erkennen ist, wendet er sich wieder dem Text zu. Die „Jo-Jo"-Strophe klingt nicht, findet er, ihm gefällt die Pakistanerstrophe besser, die jetzt komplett ist: „Meanwhile back at home there's nineteen Pakistanis, / Living in a council flat. / Candidate for Labour tells them what the plan is, / Then he tells them where its at." (Als Alternativlösung für den Beginn der dritten Zeile wird Johns Vorschlag „Candidate Macmillan" notiert.)

Paul kommt mit der „Jo-Jo"-Strophe nur zu einer vorläufigen Lösung, John nudelt gelangweilt Riffs auf seiner Gitarre, es geht auf 17 Uhr – also hilft nur eins. Paul verkündet: „Wir gehen jetzt nach Haus. Und wir kommen morgen wieder und versuchen, dann etwas mehr zu schaffen. Morgen um elf." John nudelt passend dazu ON THE ROAD AGAIN (0:25) von Canned Heat. Lindsay-Hogg will wieder wissen, was mit der Live-Show sei, und Paul meint: „Ich glaube, der 18. sollte abgesagt werden. Das Problem ist, wir müssen jetzt sehr flexibel sein. Die Pläne für den 18. werden auf den 19. verschoben, weil wir heute einen Tag verloren haben. Durch morgen wird es der 20., durch übermorgen der 21. Wenn George dann wiederkommt – eigentlich hängen wir dann schon eine volle Woche hinterher." Also beschließt er, den Termin für den Live-Auftritt (bisher war dafür offenbar der 18. Januar fest vorgesehen) vorsichtshalber um eine Woche zu verschieben, auf den 26. Januar.

John, der sich am Gespräch über die Terminfrage nicht beteiligt, sondern auf der Gitarre ein Instrumentalstück (0:42) improvisiert, bietet Lindsay-Hogg ein Pfand an, um zu beweisen, daß er morgen wiederkommen werde: „Ich lasse meine Lieblingsgitarre hier!" Paul erklärt sich bereit, zum selben Zweck seinen Höfner-Baß mit der Setliste von 1966 zu verpfänden: „Welch größeren Vertrauensbeweis kann ein Mann erbringen, als seine Liste dazulassen?" Lindsay-Hogg kapiert nicht, was das für eine Liste sein soll, also wird es ihm erklärt, und er läßt seinen Kameramann Nahaufnahmen davon machen. Und das war's dann für heute.

Zu Ende ist ein Tag, an dem alles auf der Kippe stand, nicht zuletzt die Zukunft der Beatles überhaupt. Paul widerstrebt es allerdings, Schuldzuweisungen vorzunehmen, als sei das Ende der Beatles schon Gewißheit. Am Vormittag beteiligt er sich nur zögerlich an den Versuchen, auf John und Yoko herumzuhacken, versucht hingegen, Verständnis für ihr Verhalten aufzubringen und sie zu verteidigen. Als John dann endlich da ist und sich gegen seine Gewohnheit sogar auf ein Problemgespräch mit Paul einläßt, wirbt Paul wiederum um Verständnis für George, verbindet dies allerdings mit Freundlichkeiten John gegenüber, der dafür offenbar ausgesprochen empfänglich ist – Johns anfangs sehr widerborstige Haltung wird rasch milder. Dies ist die Voraussetzung dafür, daß die Beatles doch noch mit ihrer eigentlichen Arbeit fortfahren können, den Proben, wenn auch zunächst nur zu dritt. Musikalisch läßt sich in dieser Konstellation nicht viel beschicken, auch die Textarbeit an *Get Back* kommt kaum voran, doch das ist nicht der springende Punkt; der springende Punkt ist, daß weiter Normalität gespielt werden kann. Das Ende der Beatles ist vorerst abgewendet, und insofern ist es doch kein ganz verlorener Tag gewesen.

Stoned und high

Dienstag, 14. Januar 1969, Filmstudio Twickenham

Wieder ist Paul als erster am Schauplatz, und wieder setzt er sich erst einmal ans Klavier. Er erklärt dem Kameramann Tony Richmond die Unterschiede zwischen indischer Musik („sie ist auf ihre Weise purer, aber ich mag Akkordwechsel"), moderner E-Musik („auch das ist Musik") und Popmusik („alle Musik, die je geschrieben wurde, ist da"), improvisiert dann zur Illustration ein getragenes melodisches Stück (0:32), einen Boogie (0:10) und einen Blues über drei Akkorde. Paul erläutert, wie groß die kompositorischen Möglichkeiten am Klavier sind, und führt das am Beispiel von MARTHA MY DEAR (1:14) und Jesse Fullers SAN FRANCISCO BAY BLUES (1:17) vor. (Ein Schnipsel dieser Demonstrationen erscheint später im Film *Let It Be*.) Als Michael Lindsay-Hogg sich in das Gespräch einmischt, klinkt Paul sich daraus aus und spielt zwei Improvisationen (1:08 / 0:56) und dann ein halbfertiges, offenbar ganz neues Stück mit der Eingangszeile „Oh, baby I love you" (1:56) und eine weitere, aus Fingerübungen sich entwickelnde Improvisation (1:22). Zu jeder Zeit könne ihm der Einfall zu einem neuen Song kommen, erzählt Paul und demonstriert es am Beispiel eines noch unfertigen Liedes, das er sich an diesem Morgen erst ausgedacht hat: THE DAY I WENT BACK TO SCHOOL (2:58).

Die Melodie des neuen Songs erinnert ein wenig an *Connection* von den Rolling Stones, und vielleicht deshalb beginnt Paul jetzt, einen Stones-Titel zu spielen und zu singen: LADY JANE (1:25 / 0:35). „Und da war's nur noch einer", meint der sichtlich gelangweilte Paul, doch in Ermangelung anderer Musikanten hat Glyn Johns inzwischen begonnen, auf einer Gitarre herumzuklimpern, und dabei erinnert sich Paul an einen alten Song, den er in einer auf Twickenham abgewandelten Variante zu singen beginnt: Lonnie Donegans TALKING GUITAR BLUES (0:22).

In diesem Moment trifft Ringo ein, wird allseits freudig begrüßt und stellt sich zu Paul ans Klavier. Zusammen spielen sie einen Boogie (1:12), zu dem Paul einen Text improvisiert (ein Ausschnitt dieser Darbietung ist ebenfalls im Film *Let It Be* zu sehen). Wieder allein an den Tasten, spielt Paul noch eine langsame Improvisation (0:37) und dann in mehreren Anläufen Passagen aus WOMAN (0:10 / 1:26 / 0:26), einem Song, den er 1966 für Peter and Gordon geschrieben hat. Das Arrangement der veröffentlichten Aufnahme gefällt ihm nicht: „Wir haben ein viel besseres aufgenommen beim allerersten Mal. Sehr trocken – klang fast wie ein Streichquartett." Paul mag den Song sehr, aber am Ende fängt er an, Gordon Wallers schottischen Akzent von der veröffentlichten Aufnahme zu karikieren, und als irgendwer erwähnt, Gordon bastele jetzt an einer Karriere in Amerika, kommt das Gespräch auf Johnny Cash. Alle schätzen dessen Album *Live From Folsom Prison*, wenn auch vielleicht eher aus satirischen Gründen – Paul singt in entsprechender Haltung einige Zeilen aus dem COCAINE BLUES (0:09), Ringo mit großem Amüsement die Titelzeile aus FLUSHED FROM THE BATHROOM OF YOUR HEART (0:04). Paul beginnt wieder, auf dem Klavier herumzuklimpern, singt die Titelzeile des Musical-Hits ON A CLEAR DAY YOU CAN SEE FOREVER (0:02), weil jemand die Melodie gepfiffen hat, spielt mit „hmm-hmm"-Gesang eine verträumte Improvisation (0:52) und singt dann zu eigener Klavierbegleitung einen weiteren neuen Song, dessen Melodie schon sehr ausgefeilt klingt, auch wenn der Text noch unvollständig ist: THE BACK SEAT OF MY CAR (4:56+). Dies Stück wird 1971 auf dem McCartney-Soloablum *Ram* erscheinen.

Paul muß ein Telefonat entgegennehmen. Lindsay-Hogg will von Ringo wissen, was heute passiert, und der antwortet: „Nichts. Wir werden uns nur damit beschäftigen, ein paar Texte zu vervollständigen, und eigentlich sind wir nur hier, um einander Hallo zu sagen." Und damit sind die Pläne für den Tag schon hinreichend umrissen, also beginnt jetzt das fast schon obligatorische Gespräch über das Fernsehprogramm des vorherigen Abends. Mittlerweile ist es etwa 11:30.

Dann ist Paul vom Telefon zurück, sitzt wieder am Klavier, spielt zum Warmwerden eine lebhafte Improvisation (0:18) und dann in zwei Durchgängen einen in dieser Form unveröffentlichten Song mit der Refrainzeile „It's just for you that I sing a song of love" (2:22 / 3:03), bei dem es sich eigentlich um Johannes Brahms' *Ungarischen Tanz Nr. 4* handelt; Paul kennt das Stück offenbar aus dem Spielfilm *Song Of Love* (1947), von dem er sich folglich zum Text hat inspirieren lassen. Bei seiner zweiten Darbietung verfällt Paul zunächst in einen operettenhaften Falsettgesang und schließlich in eine Elvis-Imitation. Paul ist in Operetten- und Musical-Laune, spielt und singt als nächstes im Falsett eine Augenblicksimprovisation mit der Textzeile „As clear as a bell says La Scala, Milan" (0:21) und dann in Sinatra-Manier HELLO, DOLLY (1:27). Damit ist die Morgenmusik zunächst beendet; man konzentriert sich ganz auf lockeres Gequatsche – über Tom Jones, Barry Ryan und das Fernsehen.

Es ist so langweilig, daß Ringo zu gähnen beginnt. Paul mit Galgenhumor: „Wenigstens sind wir zwei noch zusammen." Und dann kommt ihm eine Idee: „Wir könnten doch einen Film machen! Uns ein Skript ausdenken, damit die Kamerazeit nicht völlig verschwendet wird – einen Kurzfilm drehen! Heute!" Sofort fallen allen Anwesenden mehr oder weniger witzige Rollen ein – Glyn Johns könnte einen Drogenhändler spielen, Ringo einen Lehrer. Paul möchte einen abgeschirmten Drehort „für die Nacktbadeszene". Zwischendurch hat Lindsay-Hogg einen Telefonanruf erhalten und will jetzt wissen, ob es jemanden störe, wenn ein paar Kanadier von der CBC in der Ecke der Bühne ein Interview mit John und Yoko durchführten; es stört niemanden. Paul fragt Lindsay-Hogg: „Du verschwendest die ganze Kamerazeit?" Antwort: „Nein, wir wollen doch gleich anfangen." Paul hat noch eine Idee, was sie filmen könnten: „Wie wär's mit ein paar Shots der CBC-Filmcrew?" Lindsay-Hogg: „Oder besser ein paar Schüsse auf John und Yoko! Piff, paff!" Ringo würde gern einen Stummfilm machen, und so folgt ein Einfall dem anderen; Paul meint, sie könnten vielleicht eine Band spielen, die mit Drogen handelt, und das alles in einem kleinen Club als Schauplatz. Auf die Dauer reicht das aber nicht hin, die Langeweile zu vertreiben; Paul klimpert schon wieder am Klavier herum, doch selbst zum Spielen ist ihm zu öde, und er fängt an, die Ketten hinaufzuklettern, die hinten an der Bühne herabhängen. Er schafft es immerhin halb hinauf, fordert dann Ringo und Mal Evans auf, es auch zu versuchen, und so spielen sie ein bißchen Tarzan.

Schließlich sind John und Yoko mit dem Interview fertig, das schon einige Zeit im Hintergrund ablief. (Yoko hat auf die Frage, wie ihr die Arbeitstage mit den Beatles gefielen, geantwortet, es gehe ihr hier viel zu sehr um die Beatles, sie sei eigentlich an anderen Dingen interessiert.) John wird aufgefordert, auch eine Kletterpartie hinzulegen, aber er kommt nicht weit, und Paul macht sich mit verstellter Oma-Stimme drüber lustig: „Ist schon in Ordnung! Mach dir keine Sorge um ihn, Yoko!" Yoko: „Er ist nun mal nicht mehr so jung." John stimmt zu: „Nein, ich bin keine achtzehn mehr." Vor allem ist er (aus Gründen, die wir noch erfahren werden) nicht wirklich im Vollbesitz seiner Kräfte. Er lenkt ab, indem er das Interview parodiert, das er eben gegeben hat: „Also, wir werden heute nachmittag darüber diskutieren, was die Religion für einen Popstar bedeutet hat. Und der Popstar, den wir uns dafür ausgesucht haben, ist Ringo McCartney. Erzählen Sie mir, McCartney, bedeutet die Religion Ihnen viel heutzutage angesichts all der Trends und der wippenden Miniröcke?" Paul antwortet im Arbeiterdialekt: „Scheiß auf das alles." John: „Daß er von der Kirche insgesamt desillusioniert ist, können wir seiner Bemerkung ‚scheiß auf das alles' ablesen." Paul: „Ich war, äh, war in, äh, Brighton mit dem Maharishi. ‚Scheiß auf das alles', hat er mir beigebracht." John: „Ich nehme nicht an, daß er Pot geraucht hat, oder?" Paul: „Nein." Yoko muß die ganze Zeit gackern, und so setzt sich das Interviewspielchen noch ein Weilchen fort; auch Ringo macht mit. Als aus der Kasperei ein verfänglicheres Gespräch zu werden beginnt, macht Ringo auf etwas aufmerksam: „Vorsicht, hier gibt's Wanzen!" John und Yoko hält das allerdings nicht davon ab, Geldscheine zu zählen und sich über die Besorgung neuer Drogenvorräte zu unterhalten: „Mal wird uns noch ein bißchen was beschaffen."

Dann hat John aber doch noch eine andere Frage: „Was ist also geplant?" Paul: „So rumsitzen während der nächsten drei Wochen." Also nichts; der eine gähnt, der andere pfeift vor sich hin. Dann kommt Paul wieder mit der Schnapsidee, am Nachmittag vielleicht einen Film zu drehen; und falls jemand eine hinreichende Menge Holz, Nägel, Hämmer und Farbe besorge, könnten sie auch eine Skulptur schaffen. John meint, dann könne Yoko vielleicht ihr Kunstwerk *Schlag einen Nagel ein* aufführen. Mal Evans sucht nach einem Rettungsanker und fragt, ob sie jetzt nicht vielleicht an den Texten neuer Songs arbeiten wollten. John: „Letzte Nacht hab ich einen angefangen." Und er singt einen offensichtlich nicht ernstgemeinten Augenblickseinfall (0:09) mit dem Text: „You are definitely inclined towards it. Well, sometimes I doubt it." Yoko will wissen, warum er seine Zeit verschwende, und John antwortet: „Ich führ hier eine neue Nummer vor." Ringo: „Ist das die Middle-Eight?" John: „Das ist die Middle-Eight – ich brauch eine Art Refrain, Umriß, Format." Aber nicht einmal die Witze sind heute witzig. Paul schlägt vor, die Langeweile mit dem Anschauen von Filmclips zu bekämpfen. John: „Sie hatten tödliche Angst, wir könnten wichsen!" Die Witze werden schlüpfriger, und John und Yoko deuten an, sie hätten eine passende Geschichte über ein Transvestitenpaar in Coventry zu erzählen – aber nicht jetzt.

Jetzt erlöst sie Denis O'Dell für einen Moment aus ihrer Langeweile; er hat Peter Sellers dabei, den Hauptdarsteller des Films *The Magic Christian*, für den in einem anderen Studio von Twickenham gerade Vorbereitungen laufen. John fällt in seine Interviewerstimme zurück: „Wir sind in der freudigen Lage, uns hier der Talente von Mr. Peter Sellers zu versichern, der uns Platz drei geben wird!" Peter Sellers: „Platz drei, Leute, Platz drei." John: „Na, wie findet ihr das – Peter Sellers hat mir Platz drei gegeben!" Aber Sellers befremdet das, was er erlebt, er versteht nicht, was hier vor sich geht. John erläutert ihm: „Das ist die Methode, wie die Beatles arbeiten. Wir wollen die Welt an dem teilhaben lassen, was wir haben, Peter, und das hier ist das, was wir haben." Aber je länger John in dieser Manier herumtönt, desto unbehaglicher scheint sich Sellers zu fühlen, und auch O'Dell kann für das, was er hier erlebt, keinen positiveren Begriff als „interessant" finden. Schließlich rückt Paul doch mit einer recht treffenden Beschreibung heraus: „Wir sitzen hier eigentlich nur rum und gestatten uns, in Verlegenheit zu sein. Und wir unterziehen uns der Tortur, dabei gefilmt zu werden."

Sellers und O'Dell finden, eigentlich könne John ihnen doch für *The Magic Christian* eine Soundcollage à la *Revolution 9* liefern. John: „Kommt drauf an, was ihr bietet. Und wie lang es sein soll." Anderthalb bis zwei Minuten sollen reichen; John meint: „Das kriegen wir sofort hin – ich bin Spezialist für sowas." Paul gibt allerdings zu bedenken: „John ist nicht gerade bekannt für pünktliche Lieferung." John schlägt vor, Ringo könne doch eben mal seinen Text für *The Magic Christian* mit Sellers durchgehen, aber das kann er nicht, weil Ringo das Skript noch gar nicht kennt. Also mimt John weiter selbst den Schauspieler, um die allgemeine Befangenheit zu überbrücken, und nuschelt Sellers, der gehen will, zu: „Weißt du noch, als ich dir damals in Piccadilly das Gras gegeben hab?" Sellers ist aber der bessere Schauspieler, er reagiert entsprechend: „War wirklich fantastisch. Tut mir leid, daß ich jetzt gar nichts ..." John: „Ach nein, ich hab's jetzt aufgegeben, weißt du – steht ja so bei Hunter Daniel in der wahrheitsgemäßen Beatles-Lebensgeschichte. Bye-bye also – aber laßt bitte keine Nadeln liegen; mein Ruf ist sowieso schon ruiniert; ‚John wurde verknackt' und so. Ich weiß ja, wie das für Leute im Showbiz ist, die stehen unter großer Anspannung und brauchen ein bißchen was zum Entspannen. Man hat nur die Wahl zwischen dem und Körpertraining, und da haben Drogen klar die Oberhand." Yoko versucht, die Witzelei mitzumachen: „Ein Schuß ist Körpertraining!" John: „Ein Schuß ist Körpertraining, o ja!" Paul: „O ja, besonders für die Vögel."

Die Belustigung hält sich in Grenzen. Paul fragt Lindsay-Hogg: „Du hast das hoffentlich alles im Kasten?" Hat er. Paul: „Da kann man einen Horrorfilm draus machen. Egal, wo der Held hingeht, er wird pausenlos gefilmt." Abwechslung im gegenwärtigen Horror bietet George Martin, der gerade hereinschneit. Paul fängt wieder von dem Kurzfilm an, den sie drehen könnten, aber auch diese Gedankenspiele haben ihren bescheidenen Reiz verloren. John deklamiert eigene Nonsense-Verse, was allerdings nur Yoko belustigend findet. Dann schlägt er vor: „Wir werden Sanktionen gegen George verhängen." Paul ergänzt lahm: „Weizen und Kälte." John erzählt von Hippies, die ihn besucht haben; das Gespräch plätschert richtungslos dahin, bis es sogar Lindsay-Hogg, der sonst nie genug kriegen kann, zuviel wird und er vorschlägt, heute früher Schluß zu machen und morgen früher anzufangen. John ist dafür, auch wenn er heute nicht früh da war: „Ich war lange auf, wißt ihr. War stoned und high und hab Filme geglotzt. Hätte es eh nicht geschafft. Aber so gegen zehn wäre morgen okay!" Da Yoko ständig über Johns Kaspereien gackert, fragt Paul sie: „Macht er sich viel über dich lustig?" Yoko: „Nicht genug." Schließlich rafft Paul sich doch noch zu einer ernsthaften Frage auf, die das künstlerische Werk von John und Yoko betrifft: „Worum geht's denn eigentlich bei *Two Virgins*?" Und John versucht sich an einer ebenso ernsthaften Antwort: „Hauptsächlich geht es darum, den Leuten den Verstand zu öffnen für das, was heute geschieht. Überall im Land gibt's Menschen, die in Tonbandgeräte summen, und wir hoffen, daß wir sie hervorlocken können, so daß wir alle zusammen summen. Verstehst du das? Wir haben schon 1300 Stück verkauft, dank des großartigen Werbeeinsatzes von Apple Dietetics." Paul: „Und muß man das in der Öffentlichkeit machen?" John: „In der Position und bei der Macht, die ich heute als Popidol habe, fühle ich mich verpflichtet, etwas für die Guten zu tun. Und ich fühl mich verpflichtet, offen meine Meinung zu sagen. Einfacher kann ich das nicht ausdrücken." Paul fällt dazu nichts ein, und sie schweigen sich an.

Schließlich (es ist schon nach 15:30) fragt Mal Evans, ob sie noch proben wollen, und Ringo, von dem lange nichts zu hören war, grummelt vor sich hin: „Nein. Mir ist ein bißchen schlecht." John hat eine Idee, was Abhilfe schaffen könnte: „Ein paar Tage im Bett." Ringo: „Glaube ich auch." John berichtet, das Interview mit den CBC-Leuten vorhin habe er unterbrechen müssen, um sich zu übergeben (was auf dem Interviewfilm auch zu sehen ist, und fachkundige Beobachter meinen, ebenso seien dort die Spuren des Heroinkonsums in Johns Gesicht zu erkennen), und er gibt kund: „Das kam nur, weil ich meinen Körper schlecht behandelt hab." Diese Auskunft führt zu weiteren müden Witzeleien, bis Paul schließlich genug hat und erklärt: „Okay, wir können nicht ewig so weitermachen, oder? Es scheint, als könnten wir's, aber wir können's nicht." John: „Ich bin gerade dabei, mich von dem Tag zu erholen." Yoko: „Von der Nacht, meinst du." John: „Sag doch sowas nicht – was geht denn da vor, Nacht und Tag! Also! Gitarren? Ich dachte, das ist das, was wir machen. Ich könnte euch sogar was Halbfertiges vorsingen." Das ist doch mal eine Ankündigung! Ringo meint, er könne beim besten Willen nicht, aber John setzt sich ans elektrische Klavier und spielt sich mit ein paar Takten MEAN MR. MUSTARD (0:15+) ein.

Und dann sitzt Ringo doch am Schlagzeug, Paul hat sich die E-Gitarre geschnappt, und gemeinsam spielen sie unter Johns Anleitung nach zwei Fehlstarts einmal durch dessen neue Nummer: MADMAN (4:46), ein vielversprechender Rocker, dem allerdings noch der Großteil des Textes fehlt. John beginnt nochmals mit MEAN MR. MUSTARD (2:53), diesmal unterstützt von Paul und Ringo, und wechselt dann mitten im Spiel erneut zu MADMAN (1:02). John hat Durst, ruft nach einem Glas Wasser, Paul spielt unterdessen das Riff aus *I've Got A Feeling*, Ringo trommelt dazu, aber John beginnt, etwas anderes zu spielen und auch zu singen, nämlich den an *I Am The Walrus* angelehnten, offenbar ad hoc erfundenen Song WATCHING RAINBOWS (5:32+) mit der wiederholten Textzeile „Shoot me!"; nachdem John den Text durch hat, entwickelt sich das Stück in eine schroffe und beherzte Jam. Am Improvisieren finden sie offenbar alle drei Vergnügen, also machen sie ohne Pause gleich weiter mit zwei weiteren Instrumentalimprovisationen (1:24 / 6:22), die erste in schnellem Tempo, die zweite angelegt als langsamere riffbetonte Blues-Jam. Paul glänzt dabei mit exzellenten Gitarrenimprovisationen, und John gibt am Ende noch einige wohl aus dem Augenblick geborene Gesangseinlagen zu. Weniger kunstfertig gelingt die anschließend von John initiierte und gesungene Version des amerikanischen Folksongs TAKE THIS HAMMER (2:50), den die Beatles von der Version des Skiffle-Meisters Lonnie Donegan her kennen.

John klimpert richtungslos auf den Tasten des E-Pianos herum, und als Paul ein Chuck-Berry-Riff spielt, erwächst daraus eine freie Jam-Fassung von JOHNNY B. GOODE (2:50+), die ein bißchen lahm klingt, wenn man von Pauls wiederum schneidig-scharfem Gitarrenspiel absieht. Auf Pauls Initiative hin wird eine funkige Version von GET BACK (1:19) mit John als Sänger durchprobiert, die John „erstaunlich" findet, wie er ausruft; dann folgt eine erneute langsame Blues-Improvisation (2:36), die in perlenden Gitarrenläufen Pauls versickert, und eine direkt anschließende weitere Improvisation, in deren Verlauf John einen fragmentarischen Text um die Schlüsselzeile „Don't start running" (2:59) singt. Paul und John spielen noch in loser Folge einige Akkorde, dann stellt Paul die Gitarre weg, und John versucht sich solo nur noch kurz wieder an MADMAN (0:25), dann an YOU KNOW MY NAME (LOOK UP THE NUMBER) (0:23), und damit ist auch für ihn erst einmal Schluß.

Lindsay-Hogg fragt, ob sie nicht die Filmerei in den EMI-Studios fortsetzen sollten. John dazu: „Na, das hängt alles davon ab, wann wir uns mit ..." Paul unterbricht ihn; er findet, sie sollten sich noch wieder in

Twickenham treffen, aber nicht bei laufender Kamera: „Es sollte höchstens eine Kamera bereit sein für den Fall der Fälle. Wir werden nur quatschen. Die Sache ist halt die, daß George jetzt in Liverpool ist und morgen wiederkommt." John: „Morgen? Also gehen wir ihn morgen besuchen." Paul: „Ja." John: „Also kommen wir hier dann nicht her, oder was? Oder wir kommen her und gehen am Nachmittag zu ihm?" Paul: „Ich denke, wir stoppen die Filmerei jetzt, aus grundsätzlichen Erwägungen." Und zack: Kameras aus.

Wir wissen deswegen nicht, wie die sich anschließende Diskussion verläuft, die erste fruchtbringende Diskussion des ganzen Tages. Paul, der den Tag bisher weitgehend willenlos an sich hat vorbeiziehen lassen und den Anschein erweckte, es sei auch ihm inzwischen alles egal, ergreift nun offensichtlich doch noch die Initiative, und das Ergebnis ist, daß man sich am nächsten Tag nicht wieder in Twickenham treffen, sondern den Versuch unternehmen wird, sich mit George auszusprechen. Und Twickenham ist passé; falls die Sessions fortgesetzt werden, dann anderswo.

Im Anschluß an diese Abmachungen wäre es eigentlich folgerichtig gewesen, daß alle Beatles sich auf den Heimweg machen, doch tatsächlich wird sogar noch weiter musiziert. Als die Kameras für einen Moment wieder angeworfen werden, um die Klappennummern auf die Tonspur zu sprechen, ist im Hintergrund eine versponnene Improvisation (0:15+) zu hören, beteiligt daran sind offenbar nur Orgel und Schlagzeug – dem etwas holperigen Trommelspiel zufolge könnten das John und Paul sein. Als die Kameras dann nochmals tätig werden, ist Paul allein und macht mit Glyn Johns eine Testaufnahme mit extremem Echo. Paul singt zu eigener Klavierbegleitung OH! DARLING (0:18), wird aber von Johns zunächst unterbrochen; dann folgt ein Komplettdurchgang durch OH! DARLING (3:25) mit teilweise karikaturistisch überzogenem Gesang. Zum Abschluß spielt und singt Paul mit Mickymausstimme noch einige Takte OB-LA-DI, OB-LA-DA (0:14) und fragt Johns dann: „Hast du's im Kasten?" Das waren die letzten musikalischen Töne der Twickenham-Sessions; zum Abschluß inszeniert Regisseur Lindsay-Hogg noch das Gegenstück zur Eingangsszene vom 3. Januar: Mal Evans muß jetzt auf die Bühne kommen, die Gitarren der Beatles wegräumen und Klarschiff machen. Die Szenen wären der logische Schluß der Filmdokumentation, sollte mit dem heutigen Tag das ganze Projekt oder gar die Geschichte der Beatles am Ende angelangt sein, was zumindest im Bereich des Möglichen liegt. Paul verabschiedet sich als letzter Beatle.

Ein Fazit dieses unseligen Tages mag man kaum ziehen, es kann ja doch nur auf die Diagnose wüster Ödnis hinauslaufen. Gezeichnet ist der Tag von

Anfang bis Ende nur durch absolute Langeweile; selbst ein offener Streit oder ein Problemgespräch wären besser zu ertragen und vor allem produktiver gewesen. Die drei verbliebenen Beatles treten auf der Stelle, um es noch freundlich auszudrücken. Auch die Tatsache, daß John mit *Madman* endlich einen langerwarteten und durchaus vielversprechenden neuen Song vorlegen kann, bringt nicht wirklich etwas in Bewegung. Fortschritt ist in keinerlei Hinsicht zu erkennen – es sei denn, wir betrachten es als Fortschritt, daß dies der letzte Tag in Twickenham gewesen ist. Oder wohl eher als eine Erlösung.

Fortsetzung folgt

Mittwoch, 15. Januar 1969, wo auch immer

Die Wende bringt dann aber der nächste Tag, ohne Kamera und damit im einzelnen leider nicht dokumentierbar. Auf irgendeine Weise schafft man es, den Riß zwischen George und John zu kitten und George zum Wiedereinstieg zu bewegen; die Beatles sind wieder zu viert. Derek Taylor behauptet später, George mit einem Appell an sein Verantwortungsbewußtsein und Pflichtgefühl herumgekriegt zu haben: Paul sei auf Georges Hilfe angewiesen, um das aktuelle Projekt zu Ende bringen zu können, weil John infolge seiner Heroinprobleme ein Totalausfall sei und Ringo sich ja ohnehin immer im Hintergrund halte. Wie verläßlich diese Darstellung ist, läßt sich nicht klären, aber jedenfalls ist George nicht nur zum Wiedereinstieg bei den Beatles bereit, sondern auch dazu, die Sessions fortzuführen, allerdings mit veränderter Zielsetzung – es sollen statt des von ihm ungeliebten Live-Auftritts ein neues Album und eine Single dabei herausspringen. Und da das Twickenham-Kapitel schon von Paul, John und Ringo abgehakt ist, einigt man sich drauf, die Sessions im neuen Apple-Studio in der Savile Row in London fortzusetzen, und zwar am nächsten Montag, dem 20. Januar.

Was dann dort passiert, erzählt der Band *Let It Be: Die Beatles im Apple-Studio, 21.-31. Januar 1969.*

Register

der bei den Sessions gespielten Songs

ACROSS THE UNIVERSE 49, 58, 69-73, 95-96, 100
ADAGIO FOR STRINGS 31-32, 83, 108
ALL ALONG THE WATCHTOWER 38
ALL SHOOK UP 34
ALL THINGS MUST PASS 17, 27-28, 33, 39-41, 43, 45, 58-59, 77-79, 88
ALL TOGETHER NOW 98
ALMOST GROWN 84
ANNIE 52
ANOTHER DAY 89
„As clear as a bell says La Scala, Milan" 124
BAA, BAA, BLACK SHEEP 79, 91
BABY, COME BACK 113
BACK IN THE USSR 41
THE BACK SEAT OF MY CAR 124
THE BALLAD OF BONNIE AND CLYDE 81
BE-BOP-A-LULA 72, 92
BECAUSE I KNOW YOU LOVE ME SO 37
BLOWIN' IN THE WIND 34
BLUE SUEDE SHOES 34
BO DIDDLEY 66
BROWN-EYED HANDSOME MAN 19
BUILD ME UP, BUTTERCUP 113-114
C'MON MARIANNE 48, 107
CARRY THAT WEIGHT 49, 59, 61-62, 89
A CASE OF THE BLUES 20, 28, 70, 72-73
THE CASTLE OF THE KING OF THE BIRDS 49, 61, 89-90
CATCH A FALLING STAR 104
CHILD OF NATURE 20, 28, 42
CHOPSTICKS 31
COCAINE BLUES 124
„Commonwealth" 96
CRACKIN' UP 34
THE DAY I WENT BACK TO SCHOOL 123
DEAR PRUDENCE 109

DEVIL IN HER HEART 72
DIG A PONY 18, 28-29, 71, 73, 120
DIZZY MISS LIZZY 54
DOMINO 82
DON'T BE CRUEL 107
DON'T LET ME DOWN 17-18, 21, 25-29, 34-36, 45, 50, 54-57, 71-73, 77, 79, 92, 100-101, 106, 120
„Don't start running" 129
EVERY LITTLE THING 42
„Everybody got song" 18
F.B.I. 72, 81
FIRST CALL 67
FLUSHED FROM THE BATHROOM OF YOUR HEART 124
FOOLS LIKE ME 54, 79
FOR YOU BLUE 48, 50, 66, 90, 96-97, 100
FRERE JACQUES 57
FROM ME TO YOU 70
GET BACK 62-63, 73, 93-94, 100, 102-104, 120-122
„Get off!" 97
„Get On The Phone" 34
GET YOUR ROCKS OFF 76
GIMME SOME TRUTH 39, 70, 73
GOING UP THE COUNTRY 36
GOLDEN SLUMBERS 61, 89
GONE, GONE, GONE 71
GOOD ROCKIN' TONIGHT 96
GROOVIN' 107
HARE KRISHNA MANTRA 76
HEAR ME LORD 48, 51-52, 58-59
HELLO, DOLLY 124
HELLO MUDDAH, HELLO FADDUH! (A LETTER FROM CAMP) 81
HER MAJESTY 89
HEY JUDE 33
HI HEEL SNEAKERS 103
HIGH SCHOOL CONFIDENTIAL 48
HIPPY HIPPY SHAKE 38
HITCH HIKE 37, 76, 97
HONEY, HUSH 76, 97
HOUSE OF THE RISING SUN 96

HOW DO YOU THINK I FEEL? 81
I GOT STUNG 107
I'LL NEVER GET DRUNK ANY MORE 39
„I'll wait 'til tomorrow" 37
I'M A TIGER 40
„I'm going to knock him down dead" 81
„I'm gonna pay for his ride" 50
I'M SO TIRED 34
I'M TALKING ABOUT YOU 52, 106
I ME MINE 75, 79-85, 88, 96
I SHALL BE RELEASED 21, 65
I THREW IT ALL AWAY 98
I'VE BEEN GOOD TO YOU 43
I'VE GOT A FEELING 19-20, 22, 24-25, 28-29, 36, 45, 48, 50, 65, 67, 72, 76-77, 92, 99-102, 106, 129
I WANT YOU 49
Improvisationen 19-20, 31-32, 34, 39, 49-51, 53, 61-62, 66-67, 69-70, 72, 76, 79-80, 83, 89, 91, 95, 98, 101, 103-104, 106-109, 120-124, 129-130
IN THE MIDDLE OF AN ISLAND 107
THE INNER LIGHT 111
IT AIN'T ME BABE 57
IT'S ONLY MAKE BELIEVE 107
JEALOUS GUY ➔ CHILD OF NATURE
JENNY JENNY 99
JOHNNY B. GOODE 129
JUNK 95
JUST FUN 77
LA PENINA 95
LADY JANE 123
LADY MADONNA 61
LEANING ON A LAMP POST 52
LET IT BE 32, 81, 85, 89, 94, 98-101
LET IT DOWN 19, 28
LET'S DANCE 58
THE LONG AND WINDING ROAD 31, 61, 68, 82, 85, 89-90, 101, 108
LONG TALL SALLY 103
LOOP DE LOOP 58
LOTTA LOVIN' 71-72
LUCILLE 34, 71

MACARTHUR PARK 78
MACKIE MESSER 107
MADMAN 129, 131
MAILMAN, BRING ME NO MORE BLUES 22
MALAGUENA 83
MAMA YOU BEEN ON MY MIND 98
MARTHA MY DEAR 108, 123
MAXWELL'S SILVER HAMMER 31, 43-45, 47, 57, 68-69, 73, 79-80, 88,
    101, 107
MEAN MR. MUSTARD 78, 88, 128-129
MIDNIGHT SPECIAL 39
THE MIGHTY QUINN (QUINN THE ESKIMO) 23
MONEY (THAT'S WHAT I WANT) 39, 54
MOVE IT 96
MR. BASS MAN 79
„Mr. Epstein said it was white gold" 62
MY BACK PAGES 63
„My imagination" 50
NORWEGIAN WOOD (THIS BIRD HAS FLOWN) 68, 92
OB-LA-DI, OB-LA-DA 34-36, 112, 130
OCTOPUS'S GARDEN 49
OH! DARLING 31, 47, 68, 81, 90, 130
„Oh Enoch Powell" 96
„Oh Julie, Julia" 68
ON A CLEAR DAY YOU CAN SEE FOREVER 124
ON THE ROAD AGAIN 36, 121
ONE AFTER 909 36-37, 43, 45, 47, 51, 71, 77, 92, 100
ONE WAY OUT 78
„Over and over again" 42
„Picasso" 33
PIECE OF MY HEART 42
PLEASE MRS. HENRY 32
A PRETTY GIRL IS LIKE A MELODY 37
A QUICK ONE WHILE HE'S AWAY 106
RAMBLIN' WOMAN 32, 98
REVOLUTION 21, 72
RIGHT STRING, WRONG YO-YO 54, 79
ROCK AND ROLL MUSIC 71, 84
RULE, BRITANNIA 68

SABRE DANCE 42
SAN FRANCISCO BAY BLUES 123
SCHOOL DAY 72
SEND ME SOME LOVIN' 55
„Shakin' in the sixties" 96
SHE CAME IN THROUGH THE BATHROOM WINDOW 58-59, 61, 65, 67, 72-73, 78-79, 88, 92-93, 100
SHE'S A WOMAN 103
SHE SAID, SHE SAID 77
SHORT FAT FANNIE 39
A SHOT OF RHYTHM AND BLUES 69
SHOUT! 62, 83
SLIPPIN' AND SLIDIN' 99
SOMETHIN' ELSE 72
SPEAK TO ME 23, 69
ST. LOUIS BLUES 77
STAND BY ME 76
STUCK INSIDE OF MOBILE WITH THE MEMPHIS BLUES AGAIN 65
SUN KING 21, 25-26, 28, 36, 39, 109
SURE TO FALL 54
SUZY'S PARLOUR 92
SWEET LITTLE SIXTEEN 83
TAKE THIS HAMMER 129
TAKING A TRIP TO CAROLINA 32-33
TALKING GUITAR BLUES 123
TEA FOR TWO 31
„Teacher" 21
TEDDY BOY 95
„Tell all the folks back home" 83
TENNESSEE 96
THAT'LL BE THE DAY 99
THAT'S ALL RIGHT 51
THEME FROM 'THE BEATLES' CARTOON 104
„They call me fuzz face" 51
„They'd be messing around" 98
THINKING OF LINKING 37
THIRD MAN THEME 35
THIRTY DAYS 51, 72
THREE COOL CATS 34

„Through a London window" 107
TILL THERE WAS YOU 107
TO KINGDOM COME 65, 85
TOO BAD ABOUT SORROWS 77
TORCHY, THE BATTERY BOY 31
TRACKS OF MY TEARS 54
TRUE LOVE 83
TWIST AND SHOUT 77
TWO OF US 27-29, 38, 45, 56-59, 76, 91, 100, 104
WATCHING RAINBOWS 129
THE WEIGHT 40
WELL ALRIGHT 27
WHAT I AM LIVING FOR? 84
WHAT'D I SAY 62, 71
WHAT DO YOU WANT TO MAKE THOSE EYES AT ME FOR (WHEN
    THEY DON'T MEAN WHAT THEY SAY!) 39
WHAT'S THE USE OF GETTING SOBER (WHEN YOU GONNA GET
    DRUNK AGAIN) 39
WHAT THE WORLD NEEDS IS LOVE 67
WHEN I'M SIXTY-FOUR 69
WHEN THE SAINTS GO MARCHING IN 58
WOMAN 123
„Woman where you been so long" 68
WHOLE LOTTA SHAKIN' GOIN' ON 31-32
„Won't you please say goodbye" 37
„You are definitely inclined towards it" 126
YOU CAN'T DO THAT 38
„You got me going" 77
YOU KNOW MY NAME (LOOK UP THE NUMBER) 129
(YOU'RE SO SQUARE) BABY I DON'T CARE 69
„You wear your women out" 50
YOU WIN AGAIN 79
YOUR TRUE LOVE 34